KB276064

나는
무슨 일 하며
살아야
할까?

나는 무슨 일 하며 살아야 할까?

제1판 제1쇄 발행일 2011년 5월 16일
제1판 제33쇄 발행일 2022년 6월 18일

기획 | 길담서원
글 | 이철수, 박현희, 송승훈, 배경내, 하종강
편집 | 책도둑(김민호, 박정훈, 박정식)
본문 디자인 | 김효중
펴낸이 | 김은지
펴낸곳 | 철수와영희
등록번호 | 제319-2005-42호
주소 | 서울시 마포구 월드컵로 65, 302호(망원동, 양경회관)
전화 | (02)332-0815
팩스 | (02)6003-1958
전자우편 | chulsu815@hanmail.net

© 길담서원, 이철수, 박현희, 송승훈, 배경내, 하종강

ISBN 978-89-93463-14-9 43300

철수와영희 출판사는 '어린이' 철수와 영희, '어른' 철수와 영희에게 도움 되는
책을 펴내기 위해 노력합니다.

나는 일 무슨 하며 살아야 할까?

이철수 | 박현희 | 송승훈 | 배경내 | 하종강

철수와영희

어제와 다른
오늘의 나를 만나십시오

3년 전 어느 날, 길을 잃고 지치고 목이 말라 쓰러질 것 같은 한 길손이 스스로 마실 물을 얻으려고 작은 샘을 팠습니다. 책과 차와 음악과 우정이 있는 문화 놀이터, 길. 담. 서. 원.

'이곳을 찾는 이는 누구나 주인입니다'는 길담서원 친구들이 즐겨 쓰는 말입니다. 지난 3년간 이곳에서 일어난 여러 모임들의 중심에는 우연히 왔다가 길담서원의 주인이 된 사람들이 있습니다. '책여세'(책 읽기 모임), '책마음샘'(음악 모임), '콩글리시반'(영어원서강독 모임), '청소년인문학교실', '어른들을 위한 인문학교실', '한뼘미술관', '프랑스어문교실', '철학공방' 등 다채로운 모임들이 자생하여 길담서원 안에 둥지를 틀게 되었습니다.

우리 겨레의 서원書院 전통을 이어받아 21세기에 걸맞은 현대적 서원으로 발전시키고 싶다는 길담서원의 꿈은 손에 잡힐 듯한 현실이 되었습니다. 그 가운데서도 가장 반갑고 마음 설레이는 움직임은 '청소년인문학교실'입니다. 길담서원이라는 샘터에 삶에 지친 길손들이 찾아들 것은 예상했지만, 청소년들이 이 공간을 찾아와 푸른 에너지를 채워 줄 것이라고는 상상하지 못했습니다.

"우리 아이들을 위한 인문학 공부 모임도 있었으면 좋겠어요."

중2 청소년을 둔 어머니의 이 한마디가 씨앗이 되었습니다. 씨앗은 싹이 터서 학부모와 교사와 교육에 관심 있는 사람들이 모여 '청소년인문학교실' 준비 모임을 했습니다. 몇 차례의 준비 모임과 두 번의 시범 교실을 거쳐 2009년 1월부터 아래와 같은 생각을 기본으로 '길담서원 청소년인문학교실'을 열고 있습니다.

_청소년은 수동적 존재가 아닌 주체이다. 청소년인문학교실 기획 모임에는 청소년이 어른들과 대등하게 참여한다. 수업의 30% 정도는 청소년들의 발언 시간으로 할애한다.

_강의는 연구와 실천을 겸비한 전문가에게 의뢰한다. 비판적 분석과 대안 있는 해법이 조화를 이루게 한다. 현직 교사도 강사로 모셔서 학교 현장과 소통하는 교실이 되도록 한다.

_주제를 예술적으로 구현한 문학 작품과 철학적으로 접근하는 강의를 반드시 포함시켜 청소년기의 맑고 따뜻한 감성을 보듬고 논리적이고 이성적인 사유 능력을 기르도록 한다.

_주제와 관련하여 1박 2일 답사 프로그램을 진행한다. 자유분방

한 프로그램 속에서 또래들과 친해지며 도심에서 자란 청소년들이 자연과 벗하는 기회를 갖는다.

_경제 형편이 어려운 가정의 청소년들도 참여할 수 있도록 최대한 비용을 줄여 참가비를 낮추고, 장학 제도와 같은 숨구멍을 터놓도록 한다.

그동안 길, 일, 돈, 몸에 대해 진행했고 지금은 밥에 대해 진행하고 있습니다. 앞으로 집, 품, 땅, 불, 물, 똥, 힘, 꿈, 숨, 말, 눈, 앎, 삶 등등 수많은 주제가 차례를 기다리고 있습니다. 한 글자 인문학 교실이 끝나면 사랑, 평화, 철학, 역사, 인간, 종교, 공부 등 두 글자 주제로 옮겨갈 것입니다.

'나는 무슨 일 하며 살아야 할까?' 라는 물음으로 전개된 이 책의 주제 '일'은 이철수, 박현희, 송승훈, 배경내, 하종강 선생님의 강의를 중심으로 '철수와영희' 출판사에서 책으로 엮는 수고를 맡아 주셨습니다. 적은 강사료를 받고 강의를 해 주신 선생님들과 '철수와영희' 출판사 여러분에게 깊은 감사를 드립니다.

일과 노동은 의식주를 비롯한 인간 생활의 필수품을 얻기 위해 육체적, 정신적 노력을 들이는 행위입니다. 수렵, 어로, 채집으로부터 농업, 수공업, 공장제 산업, 후기 산업 사회로 이어져 오면서 과학기술의 발달에 힘입어 일과 노동은 노고와 고통이라는 점에서는 놀라울 만큼 개선되었지만 인간의 삶은 여전히 일과 노동의 굴레에서 자유롭지 못합니다. 사람들은 일과 휴식이 조화를 이루고 노동과 예술이 하나인 세상을 꿈꿔 왔습니다. 일과 노동 속에서 기쁨과 보람을 느끼고 삶의 질을 높여 이웃과 더불어 평화롭고 우애로운 세상을 만들어 가는 것이 곧 인류가 꿈꾸어 온 역사이기도 합니다.

청소년기의 일과 노동은 대부분 공부입니다. 이 시기에 누구를 만나고 어디에 가고 무엇을 배우고 알게 되었는가는 앞으로 여러분의 삶에 큰 영향을 줍니다. 이 중요한 시기에 '나는 무슨 일 하며 살아야 할까?' 라는 근본적인 물음을 자신의 내부 깊숙이 던지기 바랍니다. 나의 삶은 일과 노동을 통해 부단히 채워 넣어야 하는 빈 그릇과 같습니다. 나는 무슨 일을 하며 삶이라는 이 미완성의 작품을 완성시켜 가야 할까요? 이 물음 속에서 생각하기의 변화, 공부 방법과 공부 대상의 변화, 관심과 취미의 변화를 가져오는 계기를 만날 수 있길 바랍니다.

호세 오르테가 이 가세트라는 스페인의 철학자는, 원시인과 고대인은 항상 자신을 위협하는 외부 세계에 신경을 쓰느라 자신의 내부에 관심을 돌릴 수 없었다고 말합니다.[1] 오늘날 대학입시라는 외부

---

[1] 『철학이란 무엇인가?』, 호세 오르테가 이 가세트, 정동희 옮김, 민음사.

의 목표에 자신의 시간과 에너지를 몽땅 소진당하고 있는 청소년들은 아마도 현대를 사는 고대인인지도 모릅니다. 청소년들만 그런 것은 아닙니다. 어른들도 마찬가지입니다. 고대인들이 외부에 집중하느라 자신의 내부를 갖지 못했다면, 현대를 사는 대부분의 사람들도 물질 문명에 관심을 빼앗긴 나머지 자신의 내부를 돌볼 여유를 갖지 못한 채 고대인과 같이 '내부가 없는 존재'로 살아갑니다.

자신의 내부를 갖는 일! 이 중요한 문제의식을 청소년기에 가질 수 있다면 얼마나 다행일까요. 길담서원 청소년인문학교실에 함께하지 못한 청소년들도 이 책을 통해서 같은 문제의식을 얻게 되길 바랍니다. 그래서 오늘의 대견한 나를 괄목상대刮目相對[2]하는 여러분이 되십시오.

2011년 5월

길담서원 서원지기 박성준, 이재성

---

2 괄목상대(刮目相對): 눈을 비비며 다시 본다는 뜻으로, 한동안 못 본 사이에 상대방의 학문이나 인품이 놀랍게 발전하여 이전의 그 사람이 아닌 새 사람으로 보이는 경지를 말함.

길담서원 청소년인문학교실 ‘일’과 함께한 청소년들

강은진, 김국화, 김다빈, 김민경, 김예진, 김준현, 김채연, 김효중, 박성주, 박은빈, 박지성,
박희성, 서정화, 신규일, 안채린, 엄지, 오주영, 이다혜, 이명진, 이성우, 이솔, 이제영, 이진연,
이하영, 이현범, 전은진, 황도연

차례

상상할 수 있는
모든 것이 직업이다

이철수 | 판화가

여러분이 상상할 수 있는 모든 것이 직업이 될 수 있습니다.
직업의 종류 속에 아직은 포함되지 않은 일이라도
여러분이 상상할 수 있는 일이라면,
그걸 자신의 직업으로 삼아도 좋겠다는 생각을 해 봅니다.
미기록 직업을 발견하는 첫 번째 사람이 되면 행복하지 않을까요?

이철수

선생님은 1980년대에 민중 판화가로 이름을 떨쳤습니다. 1990년 무렵부터는 생명의 본질 탐구로 관심 영역을 넓혀 일상과 자연을 소재로 한 작품들을 발표해 왔습니다. 이철수 선생님의 판화들은 '그림으로 시를 쓴다'는 평가와 함께 지금도 많은 사랑을 받고 있습니다. 현재 충북 제천에서 아내와 함께 농사를 지으면서 판화 작업을 하고 있습니다.

상상할 수 있는 모든 것이 직업이다

안녕하세요. 판화가 이철수입니다.

고등학생들은 장래에 관한 생각을 많이 할 것 같고, 중학생들은 아직 사회생활에 관한 고민은 크게 안 해도 좋고 그렇지요?

여러분과 직업 얘기를 하려니까 제 아이들 생각이 나네요. 저는 아이들이 자유롭게 살기를 늘 바랐거든요. 그러니 여러분에게 다른 얘기를 해서는 안 되겠지요? 이야기는 늘 정직해야 하니까요.

제 아들이 스물여덟, 딸이 스물여섯 살인데, 이제 막 사회생활을 시작했어요. 그런데 둘 다 취직을 안 하겠다는 거예요. 저는 아이들이 취직해서 답답하게 살까 봐 걱정했었는데, 오히려 다행이라고 생각했어요. 세상에 있는 어떤 직업도 소중하지 않다고 생각하지는 않지만, 제 아이들이 좀 더 자유로운 인생을 살아가면 좋겠다는 생각 때문이었지요.

자유로운 생활을 꿈꾸자

마찬가지로 저는 여러분도 자유롭게 살면 좋겠다고 생각해요. 여러분이 보기에 제가 굉장히 자유롭게 사는 사람처럼 보이죠? 맞아요. 사실 저는 한순간도 직장 생활을 해 본 적이 없어요. 지금까지 제 일을 하면서 비교적 자유로운 삶을 살았어요. 그런데 판화가도 충분히 자유로운 직업이라고 느끼지는 못했어요.

부모들은 대개 자신의 과거 경험과 삶의 이력을 기준으로 현실을 판단하지요. 그 판단에 따라서 자식들에게 요구도 하고 기대도 가지게 돼요. 자기 삶에서 미흡하다고 느낀 것, 모자랐다고 느낀 것, 아쉬웠던 것을 여러분한테 쏟아내는 거죠. 공부를 잘하면 사회에서 조금 더 나은 기회를 얻을 수 있다는 생각을 하시기 때문에 "공부해라! 공부해라!" 그러시는 거예요.

어른은 나이도 많고 경험도 많으니까 뭐든지 잘할 것 같고, 생각도 깊을 것 같지만 사실 나이를 먹어도 여러분이 생각하는 것처럼 완전하거나 훌륭해지는 건 아니에요. 어른들도 터무니없는 욕심 때문에 객관적이기 어렵기도 해요. 부모가 되면 더 그렇지요.

제 딸아이는 중학교를 졸업할 무렵, 그러니까 여러분 나이에 대안 학교에 보내 달라고 했어요. 그런데 제가 못 가게 말렸어요. 여러 가지 이유를 댔지만, 평범한 친구들과 같은 경험을 하면서 청소년기를 보내는 게 좋겠다는 생각이 제일 컸어요.

여러분도 학교가 너무 판에 박혀 있다고 느끼나요? 교육 과정이 여러분을 숨 막히게 하고 아침부터 저녁까지 억압적인 분위기 속에 있는 것도 사실이지요. 하지만 그게 우리 사회에서 사는 사람들이 다 같이 겪는 현실이라고 생각했어요. 그래서 그 경험을 같이하는 것이 의미가 있다는 생각을 한 거지요. 결국 대안 학교가 아닌 지역의 인문계 고등학교에 보냈어요.

딸아이는 고등학교를 다니면서도 갈등이 굉장히 많았어요. 학교 시스템 자체가 그렇게 싫었나 봐요. 어떤 때는 학교 교문을 들어서면서 '그냥 어디로 가 버릴까?' 하는 생각도 했다고 해요. 학교를 그만둘 생각을 늘 하고 있었던 것 같아요. 그렇게 갈등을 하면서도 어쨌든 고등학교를 졸업했고, 일본에 있는 대학을 가서 공부를 마치고 돌아왔어요. 일본어를 곧잘 하는 청년으로 사회생활을 시작하게 된 거지요.

제 아이들의 경우만 그런 건 아니지요? 여러분 나이가 갈등이 많을 때지요! 저도 어려서 갈등이 많았어요. 중·고등학교를 다니는 동안 내내 그랬어요. 아버지 사업이 갑자기 파산하는 바람에 형편이 어려워져 청소년기를 아주 힘들게 지냈거든요. 엉뚱한 짓도 많이 하고 방황도 많이 했어요. 중학교 때부터 담배를 피우고 다니질 않나, 교복을 뒤집어 입고 술에 취해 헤매고 다니기도 했어요. 그런 어린 시절 경험이 있어서 문제 청소년들을 잘 이해하는 편이지요.

세월이 지나면 다 재미있고 예쁜 추억이 되지만, 사실 겪을 때는 힘든 경험이 많습니다. 여러분도 한다고 하는데 기대한 것만큼 성적이 안 오르면 굉장히 힘들지요? 엄마, 아빠는 "네가 머리가 나쁜 건 아닌데 노력이 모자란다"고 하시지요? "너는 머리 나빠서 안 되겠으니 그냥 놀아라!" 그러는 부모는 없지요? 부모들은 대개 그렇게 생각하고 싶어 하는 것 같아요.

예전에 제 아버지도 제가 천재인 줄 알았대요. 학창시절에 성적이 나빴는데 계속 들었던 얘기가 "너는 천잰데 공부를 안 한다"였어요. 선생님도 그렇게 얘기를 하시고. 그런데 제가 해 보니까 안 되는 건 정말 안 되더라고요. 요즘 시험 문제는 어떤지 모르겠지만, 제가 고등학교 다닐 때는 수학 시험을 보면 시험지 제일 앞에 인수분해처럼 단순하고 쉬운 문제가 먼저 나오고 그 뒤부터 조금씩 어려운 문제가 나왔어요. 저는 앞에 몇 문제를 풀고 나면 뒤에 나오는 어려운 수학 문제를 풀 능력이 없었어요. 그래서 한 시간씩 시험지를 붙들고 있는 것 자체가 아주 고역이었지요.

그래서 옆 친구에게 답안지를 보여 달라고 했지요. 안 보여 주면 귀찮게 굴거나 괴롭히고 악당 짓을 했어요. 잘한 일은 아니지요. 언젠가 한번은 시험 감독하시던 선생님이 수학 잘하는 친구 답안지를 가지고 오셔서 저한테 보여 주시더라고요. 그래서 그걸 보고 답을 베껴 썼어요. 한참 쓰는데 그 정도면 낙제는 안 할 거라며 그만 나가라고 하셨어요. 시험 시간에 분위기 망친다고, 나가서 담배나 피우라고. 학교를 그렇게 다녔어요. 요즘은 시험 보는데 남의 답안지 보여 주면 당장 난리가 날 거예요. 그때만 해도 좀 인간적이었던 셈이지요.

우리 때는 미술 대학 갈 학생은 수학 공부는 안 해도 되었어요. 그래서 선생님들도 이철수는 굳이 수학 공부를 해야 할 이유가 없다고 생각하신 거지요. 그런데 저는 수학은 못했지만 영어나 국어는 곧잘 했어요. 그래서 고전 문학 시험 시간에는 선생님이 제 답안지를 정답지로 쓰려고 따로 가지고 가셨어요. 사람마다 타고난 재질이 달라요.

제 딸이 초등학교에 입학할 때, 혹시 산수 문제를 풀다가 모르겠다고 하면 야단치지 말고 알 때까지 자상하게 가르쳐 주라고 아내에게 부탁했어요. 딸을 키우면서 보니 저랑 닮은 구석이 많아서 혹시 산수 못 하는 것도 닮았을까 봐 지레 걱정했던 거지요.

선생님은 열심히 설명하시고 저도 이해해 보려고 애를 썼는데 정말 안 되는 게 많았거든요. 그건 노력한다고 해결될 문제가 아니었어요. 대신, 저는 국어를 잘했습니다. 다른 친구들은 고전 문학이 그렇게 어렵다는데 저는 조금만 설명을 들으면 다 알겠더라고요.

그래서 국어 시간에 소설책을 꺼내 놓고 보아도 아무도 나무라지 않았지요. 한번은 수업 중에 만화를 보고 있는데, 선생님께서 제 뒤통수를 툭 치시면서 "이철수, 만화도 보나?" 이렇게 얘기만 하고 지나가셨어요. 제가 다른 책을 보면 '심화 과정' 하나 보다 하고 넘어가 주신 분이라, 만화를 봐도 이유가 있다고 생각하신 거지요. 나중에 생각해 보니 그게 저한테는 굉장한 격려가 되었어요. 글을 읽고 쓰는 데 솜씨가 있는 아이라는 인정이었던 셈이지요. 저는 교지나 신문을 편집하는 일도 했는데 소설을 써서 싣고 삽화도 그렸어요. 중학생 때 벌써 신춘문예에 투고를 하기도 했어요. 무모했지요. 예선 탈락했지만, 어쨌든 글쓰기를 좋아해서 책도 꽤 열심히 보고 살았어요.

좋아하는 일을 선택하자

살면서 보니까, 제가 할 수 있는 일과 할 수 없는 일이 있고, 좋아하는 일이 있고 싫어하는 일이 있더라고요. 좋아하는 일을 제 스스로 찾을 수도 있지만, 옆에서 지켜보신 선생님들이 "넌 그걸 잘하는구나!" 그러시면 그 일이 좋아지기도 해요.

저더러 어떻게 해서 그림을 그리게 되었느냐고들 많이 물어봐요. 초등학교 때 처음 미술 실기 대회를 나간 게 결정적인 계기였어요.

창경원에서 실기 대회를 한다니까 아버지가 저를 앞혀 놓고는 "미리 연습 좀 하고 가라." 하시는 거예요. 창경궁을 예전에는 '창경원'이라고 불렀어요. 지금도 어른들은 창경원이라고 그러시지요. 아버지가 크레파스하고 도화지를 꺼내 주시더니 벚나무를 그려 보라고 하시는 거예요. 그래서 벚나무를 그렸더니, 분홍색을 바탕 부분에 쫙 칠하게 하고는 그 위에 흰 크레파스를 힘차게 눌러서 덧칠해 보래요. 그러면 색이 번질 거 아니에요. 그러니까 벚꽃이 막 흐드러진 느낌이 살아나는 거예요! 그걸 연습시키면서, 내일 창경원에 가면 틀림없이 벚꽃이 피어 있을 거라고 하셨어요. 아니나 달라, 진짜 벚꽃들이 활짝 피어 있었어요. 저는 전날 연습한 대로 분홍색 위에다가 흰색을 힘 있게 덧칠해서 벚나무를 그렸어요. 아버지 덕에 상을 받게 되었지요.

그리고 또 한 번은 초등학교에 입학해서 첫 미술 시간인데, 널뛰기를 소재로 그림을 그리라고 했어요. 그렸더니 선생님이 "너 정말 그림 잘 그린다!" 그러시더라고요. 전 제가 그림을 잘 그린다고 생각하진 못했거든요. 선생님이 잘한다고 하니까 미술 시간만 되면 그 소리 한 번 더 들으려고 아주 열심히 하게 되더라고요. 그러다 벚꽃 풍경을 그려서 상까지 받게 되니까 자연스럽게 제 스스로 그림을 잘 그린다고 믿게 됐어요. 그래서 결국 그림 그리는 사람이 됐는데, 그걸 직업으로 하면서는 제가 정말 뛰어난 재능을 가진 화가

인가 하는 의심이 많이 들었지요.

'그림쟁이'가 되어서 다른 화가들을 만나 보니까 타고난 천재들은 따로 있더라고요. 그래도 다행인 게 잘 그리는 사람만 그림 그리고 사는 건 아니어서 적당히 잘 그려도 화가로 살아갈 수 있었어요. 그 솜씨로 화가 노릇 하고 살았는데, 제 나이쯤 되면 설사 훌륭한 화가가 될 수 없다는 걸 깨닫는다고 해도 돌이키기도 쉽지 않고 취소할 수도 없지요. 갈 데까지 가는 수밖에 없는 거지요.

아이들이 좀 더 자유롭게 살기를 바라는 것도 어쩌면 지금 제가 느끼는 그런 한계 때문일 거예요. 사람들은 제가 꽤 유명한 판화가가 되어 버렸기 때문에 아무 고민 없이 잘살 거라고 짐작할 겁니다. 그런데 그런 법은 없거든요. 누구나 고민이 많아요. 어떤 사람에게서 "아, 참 좋은 그림이다!" 하고 칭찬을 듣기도 하지만, 제 스스로를 늘 칭찬하면서 살 수 있는 건 아니지요. 좋은 그림을 못 그리고 있다는 부끄러움도, 고민도 많아요.

농사를 좋아하는 화가가 된 이유

저는 앉아서 판화를 그리고 새기는 시간보다는 밭에서 일하는 시간이 더 많아요. 사람들은 "판화가로 성공한 사람이 그림을 더 열심히 그리지 왜 자꾸 논밭에 가서 살고 그곳에서 일하는 얘기를 하느냐"고 물어요.

제 책에서도 보았겠지만, 농사지으면서 구상하고 찾아낸 듯한 그림이 굉장히 많죠? 실감 있는 그림, 많은 사람이 공감할 만한 그림을 그려 내는 데는 책상머리에 앉아서 종이를 꺼내 놓고 구상하는 것으로는 한계가 있을 것 같지 않아요? 그렇다고 생각하지요? 저 역시 땀 흘리며 일하는 중에, 비교적 욕심 없이 머릿속이 단순해지는 과정을 거치면서, 오히려 좋은 그림 거리를 많이 발견하게 돼요.

사람들이 제게 그림 구상하느라 참 고민이 많겠다고 해요. 사실 저는 그림을 구상하기 위한 고민은 별로 안 해요. 땀 흘려 일하는 과정에 저절로 판화거리가 생기거든요. 밭에서 얻는 농작물 이외에 화가로서 수확하는 것이 더 있는 셈이지요.

여러분에게는 좀 어려운 얘기인지도 모르겠는데, 그림 그리는 틈틈이 농사일을 열심히 하는 이유는 땅을 일굴 때 마음이 순수해지고 욕심이 없어지기 때문이에요.

여러분도 공부할 때 집중이 안 되는 경우가 많지요? 교과서를 보고 있어도 머릿속으로는 계속 딴생각이 떠오르기도 하지요. 성적에 대한 욕심은 있지만, 마음이라는 게 그렇지요. 저도 마찬가지입니다. 밑그림을 그릴 때, '이 그림을 사람들이 좋아할까?' 따위 생각을 하면서 작품에 몰입하지 못하고 겉도는 경우가 많아요.

여러분처럼 그림을 그저 즐기면서 보는 관객이나 독자도 있지만, 전문적인 눈으로 보는 평론가도 있고 이론가도 있고 동료 화가들도 있어요. 이런 사람들 눈을 자꾸 의식하는 거예요. 그래서 이 사람들이 내 작품을 보고 뭐라고 할까 하는 생각이 머릿속에 계속 있어요. 그림은 순수한 마음으로 그려야 하는데 '계산'을 하는 거죠. 요런 형태로 그리면, 혹은 요런 내용으로 그리면 사람들이 어떻게 반응할까를 자꾸 생각하는 거예요. 좋은 태도는 아닌 것 같지요?

가령 제가 콩 농사를 지을 때는 좋은 콩을 수확해야지 하는 욕심을 가질 수는 있지만, 콩 농사를 잘못 지었다고 비웃음을 살까 봐 두려워하는 일은 없을 거 아니에요. 그런데 그림은 제대로 못 그리거나 수준에 문제가 있다면 공개적인 자리에서 망신을 살 수도 있으니까 차원이 다른 거지요. 세상이 제게 기대하는 게 있다고 해야 할까요? 제가 거둔 '이철수 표 쌀'이라고 비싸게 사 주는 사람이 있는 건 아니지요. 옆집 할아버지 거나 제 거나 똑같은 쌀일 뿐입니다. 그러나 그림은 바깥의 평가에 따라서 비싸게 팔릴 수도 있고 특별한 사랑을 받을 수도 있는 겁니다. 그러니까 제가 농사일을 할 때는 그림 그릴 때보다 훨씬 정직해질 수 있는 거죠. 쓸데없는 고민을 안 해도 되고요. 그렇게 단순한 생각으로 농사일을 하고 있으면 참 많은 게 보여요.

무엇보다, 자연 속에서 찾아낼 수 있는 게 많아요. 사람들은 단순

한 농사일 속에서 어떻게 다양한 생각들과 이야기를 찾아내느냐고 물어보곤 해요. 제 생각에는 농사를 지으면서 생각이 단순해지는 '마음공부'가 되기 때문인 것 같아요. 제가 농사를 좋아하는 화가가 된 이유가 바로 그거예요.

사람들이 제게 직업이 뭐냐고 물으면 판화가라고 대답하지요. 복잡하게 말하면 이야기가 쉽게 안 끝나니까 그렇게 얘기해요. 하지만, 저 자신을 머리끝부터 발끝까지 판화가라고 규정하고 싶지는 않아요. 판화가 이철수, 그게 이철수를 다 설명할 수 없다는 거지요.

어떤 사람들은 저를 '농사꾼 판화가'라고 해요. 전시회를 하면 그런 표현을 많이 듣게 되지요. 하지만 저는 농사를 공부 삼아 하는 사람이에요. 농사를 직업으로 하는 사람은 아니에요. 그래서 '농사꾼'이라는 말을 그대로 받아들이기가 어려워요. 판화가라고 지칭하는 것을 그대로 다 받아들이기가 어려운 것처럼.

스스로 놀라운 존재라고 생각하자

농사를 지으면서 혼자서 이런 생각도 해 봐요. 우리가 이 세상에 와서 한 생애를 살고 가는데 누구나 때가 되면 삶을 정리해야 합니다. 병이나 사고로 일찍 세상을 떠나는 사람들도 있지만, 순조롭게 산다고 해도 100살을 넘기기는 어렵죠. 보통 7, 80살쯤 되면 많은 분이 세상을 떠나게 되는데 우리가 이렇게 한 생애를 사는 동안에 해결해야 할 문제가 여러 가지 있다는 생각이 듭니다. 아까 제가 이야기한 마음공부가 그건데요. 이 세상에서 살다가 누구나 죽는다는 사실에 대해 진지하게 고민해 보라는 이야기를 하고 싶어요.

왜 사는지, 우리 삶이 대체 무슨 의미인지 뚜렷하게 느낄 수 있나요? 저도 아직 뚜렷하지 않아요. 그래서 요령 있게 설명하는 것이 힘들지도 모르지만 이 이야기는 꼭 해야겠어요.

많은 친구들이 스스로 목숨을 끊는다고 해요. 학교생활을 포기하고 거리를 떠도는 친구들도 있습니다. 저도 예전에 짧은 가출을 해 봤는데 마땅히 갈 데가 없었어요. 성깔 있고 한가락 하는 듯이 보이는 친구들도 마찬가지였지요. 예전에 제 별명이 도끼였어요. 성깔깨나 있는 친구였겠지요? 그러나 그건 겉으로 하는 짓이고 속은 도끼일 수가 없지요. 나가 보면 어리고 의지할 데 없는 외로운 영혼에 지나지 않는걸요! 집 밖으로 나가면 찬 바람이 쌩쌩 불어요. 반기는 사람도 없고 굉장히 힘들지요. 어린 시절은 어른들 품이 필요한 때지요. 혼자 설 준비를 하는 때이기도 하고요.

가출을 하면서 겪은 갈등에서도 확인한 것이지만 우리 사회나 학교가, 내가 얼마나 소중한 존재인가에 관해서 깊이 생각해 볼 기회를 주지 못한 것 같아요. 우리한테 힘이 되어 주어야 할 선생님조차도 공부 잘하는 애들만 예뻐하는 것 같지요? 말 잘 듣는 애들만 예뻐하고, 귀여워하고! 심한 경우는 엄마 아빠가 돈 좀 있다고 그 아이만 더 예뻐하시는 것 같았어요. 제가 보기로는 그랬어요.

요즘이라고 더 좋아졌을 것 같진 않네요. 내가 얼마나 소중한 존재인지에 관해서는 누구도 확인해 주지 않아요. 아직 어린데도 처해 있는 조건에 따라 사회적 평가가 내려지고 대접을 받는 거지요. '나를 평가할 수 있는 다양한 요소들이 있는데, 내 생각에는 이게 나의 전부가 아닌데, 왜 선생님이 이것들만 가지고 나를 판단하고 평가하나?' 이런 생각이 들 때가 많잖아요. 때로는 친구들조차 그러지요. 어떤 조건이나 능력도 내가 선택한 것은 아닌데. 억울하지요! 공부 못 하면 부모님이나 선생님한테 무조건 야단만 맞고.

우리가 얼마나 소중한 존재인지 쉽게 설명해 볼까요? 지금 이 순간, 여러분은 이렇게 생생한 얼굴로 살아 있습니다. 이렇듯 살아 있는 우리 존재의 배경은 뭘까요?

우리가 태어나기 이전에는 뭐였어요? 모르겠어요? 바로 어머니, 아버지잖아요! 우리가 두 분 사이에서 태어난 생명이니까요. 그러면 그 아버지와 어머니는 어디에서 왔나요? 마찬가지로 두 분의 아버지, 어머니, 그러니까 우리한테는 외할아버지, 외할머니, 친할아버지, 친할머니인 분들의 자식으로 이렇게 태어나셨겠지요.

기독교 경전에서처럼, 아브라함은 이삭을 낳고 이삭은 야곱을 낳고 하는 식으로 족보를 쫙 적어 놓은 게 있다고 합시다. 우리 족보를 한번 이렇게 거슬러 올라가 보자고요. 여러분이 아무리 생각을 많이 해 봐도 그 끝이 보이지 않을 거예요.

인류라는 종이 세상에 나와서 단 한 번도 끊이지 않고 대를 이어 온 겁니다. 여러분이 바로 그런 존재지요. 중간에 한 번이라도 대가 끊긴 생명은 우리하고 같이 있을 수 없죠. 그렇죠? 사고로든 전쟁으로든 굶주림으로든 지금도 많은 사람이 죽어가고 있잖아요. 우리가 살고 있는 대한민국의 역사에도 수많은 전쟁이 있었지요. 기아가 있고 병이 있고 수많은 위기가 있었을 텐데, 그 과정에서 대가 끊긴 적이 없어야 지금 존재할 수 있는 거죠. 우리는 단 한 번도 생명의 연결선이 끊긴 적이 없는 생명인 거예요.

우리가 배운 역사의 격변만 두고 생각해 봐도 참 놀라운 일이죠. 지금까지 얼마나 많은 생명이 그 와중에 사라졌겠어요? 살아남을 확률이 생각보다 높은 게 아니었을 텐데요. 우리는 이런 점에서 정말 기적 같은 존재들이에요. 이 세상에 태어났다는 것만도 축복이라면 이렇게 살아남은 건 더할 수 없이 큰 축복이지요.

그러나 우리는 현실의 인간관계에서 그렇게 놀라운 존재, 기적 같은 존재로 대접받는다는 느낌을 못 받아요. 그렇지요? 공부를 못하면 미래가 없다거나, 오늘의 성적이 내일의 신랑감, 신붓감을 정한다는 급훈도 있다는 소리도 들었는데, 지금 신랑감이나 신붓감이 중요한 게 아니잖아요?

거듭 이야기하지만 우리가 태어나서 이렇게 아름답고 생기 있는 존재로 살아 있는 것만도 놀라운 일이에요. 부모님들이 여러분을 처음 만나던 순간, 생명의 신비를 눈앞에서 확인하던 기쁨을 기억한다면 여러분한테 구차한 잔소리는 못 하실 거예요. 그런데 그 기쁨은 잠깐이고 지나면서 점점 미운 게 많아지는 것 같아요. 저도 아이 둘을 키우면서 그런 생각을 했어요. 우리가 그동안 존재에 대한 경이감을 잊고 살았다고요.

저는 농사를 지으면서 새싹이 돋고 새순이 올라오는 것을 보면서도 생명의 경이를 느껴요. 그래서 초록빛 생명과 만나는 일이 참 좋은 공부라는 생각이 들어요. '농사가 이렇게 좋은 일이구나!' 할 때가 많았어요.

남들이 우리를 놀랍다고 하지 않아도, 우리 스스로 놀라운 존재라고 인식하는 것이 중요해요. 누가 뭐라고 이야기하든 상관할 것 없어요. 우리 생명은 함부로 해서는 안 될 소중한 존재라는 생각을 했으면 해요.

내가 그런 존재라는 것도 뚜렷하게 느끼고 알아야 하지만, 다른 모든 사람도 그렇게 소중한 존재라는 사실을 받아들여야 합니다. 서로의 소중함을 알고 그걸 늘 확인하는 관계가 되면 누구를 윽박지르거나 경멸하거나, 또 터무니없이 우러르거나 특별하다고 느낄 이유가 없어요.

마음공부가 중요하다

앞에서 마음공부가 중요하다고 했죠? 제 엽서 책이나 판화를 몇 점쯤은 보셨지 싶은데 거기 보면 참 좋은 얘기가 많아요.

인생을 이렇게 살아야 한다, 건강한 생각이 뭔가, 사소한 것들의 소중함과 아름다움, 아름다운 관계는 어떤 것이다, 하는 얘기들이 제 판화 속에 담겨 있어요. 그런 그림을 그리고 산 지 오래됐어요. 그런데 늘 걱정되는 건 이 많은 그림에 담긴 좋은 이야기를 내가 몸으로도 살고 있나 하는 거예요. 그런 생각을 하면 부끄러울 때가 많거든요.

여러분 권정생 선생님 아시지요? 이분이 사시던 그 오두막 보셨어요. 권정생 선생님은 무소유 얘기는 따로 안 하셨지만 조용히 가난하게 사셨어요. 돌아가시고 나서 '권정생 신드롬'이 생겼잖아요. 세상 사람들이 놀라 버린 거지요. 개인 통장에 8억 원이나 되는 큰돈이 남아 있었는데, 북녘의 아이들과 제3세계의 어려운 아이들 돕는 데 쓰라고 하시고 가셨어요. 고스란히 세상에 되돌려 주셨지요. 권 선생님이 돌아가시고 나서 그분이 부자인 줄도 모르고, 점심 한

끼 얻어먹으면서 죄송해했던 게 억울하다고 한 사람도 있었어요.(웃음) 저도 가깝게 지냈는데, 당신을 위해서 돈을 쓰는 법이 없었어요. 가진 건 많았지만 진정한 무소유로 사신 거죠.

사람이 사회생활을 하면 딱지가 하나씩 붙게 되지요. 그게 직업이에요. 요즘은 백수가 직업인 사람도 있긴 하더라고요. 근데 딱지 붙일 수 없는 삶의 부분이 오히려 더 중요해요. 그게 '마음자리'라고 생각하면 어떨까요? 나 스스로 내 인생에 어떤 원칙을 제시하고 나를 어디로 어떻게 끌고 갈 건가 하는 고민을 해야 한다는 말이지요. 직업이 그 역할까지 해 주기는 어려워요. 많은 사람은 직업 선택이 인생의 끝이라고 생각해요. 좋은 직장만 얻을 수 있으면, 그걸로 얻고 싶은 모든 것을 얻고 인생에 후회도 없을 거로 생각하지요. 좋은 직업을 선택할수록 인생은 온전해지고, 행복해지고, 그래야 후회가 없다고 믿는 겁니다. 그런 측면도 있을 거예요. 가령, 너무 가난하면 현실적으로 아무것도 선택할 수 없고 정신적으로 여유가 없는 측면도 있어요. 그렇지만 사람들이 좋다는 직업이 반드시 자기 인생에 좋은 직업일 수는 없어요.

돈 많고 마음공부 안 된 사람들이 자신을 과시하기 위해서 제일 먼저 내세우는 게 뭐예요? 좋은 옷이죠! 화려한 포장이라고 할까요? 비싼 핸드백, 명품 옷, 명품 구두로 머리에서 발끝까지 뒤집어쓰고 자신을 내세웁니다. 하지만 화려한 포장을 빼고 나면 뭐가 남습니까? 몸뚱이죠? 다 똑같은 몸뚱이지요. 그런데 그 몸뚱이가 아까 얘기한 것처럼 존재 자체만으로도 경이로운 것이거든요. 장구한 세월 동안 한 번도 생명의 연속성이 끊기지 않은 채로 이 순간까지 살아남은 존재라고 했잖아요. 그 많은 존재 중에서도 여러분하고 나하고 이렇게 얼굴 맞대고 얘기하고 있어요. 몇 시간씩이나! 불교적 표현으로 하자면 인연도 이런 인연이 없는 거지요.

그렇다면 우리끼리 다투고 미워하고 해야 할 이유가 있나요? 만남 자체가 행복이고 경이고 소중한 인연이라고 느껴야 할 일이잖아요! 교실에서 여러분이 만나는 친구들과도 같은 관계가 아닌가요? 만남 자체가 행복이고 경이고 소중한 인연인 그런 관계 아니냐고요. 공부 잘하는 놈, 못하는 놈, 아버지, 어머니가 재산이 있거나 없거나, 그게 무슨 상관이라서 서로 마음 상할 일을 만들어요. 그럴 필요 없지요? 여러분이 경제적으로 여유 있는 존재이든 혹은 운이 나빠서 경제적으로 어려운 존재이든 상관없이 스스로 소중하다고 믿는다면, 공부 좀 한다고, 자랑할 거리가 많다고, 액세서리나 비싼 학용품을 쓸 수 있는 처지라고, 친구들한테 상처 주는 사람이 되면 안 되겠지요? 그런 일로 상처받는 사람이 되는 것도 물론 못난 짓이고요.

저는 어릴 때 그 일을 해결하지 못해서 상처를 많이 받고 지냈어요. 방황이라는 게 생각해 보니까 그게 다 마음 문제더라고요. 뒤늦게 내가 참 소중하다는 것을 알게 됐지요. 내가 내 스스로에게 소중한 존재가 되고 나니까 정말 행복해지더라고요. 그때 그 방황은 쓸데없는 거였구나! 그런 생각을 했어요.

상상할 수 있는 모든 것이 직업이다

제 고백 하나 할게요. 저는 아버지가 저희 형제를 고생시킨다는 이유로 많이 미워했어요. 가난한 살림이 싫었던 거지요. 그래서 아버지하고 불화하고 다투면서 청소년기를 보냈지요. 그런데 군대 생활을 하던 어느 날, 역사학자 강만길 선생님이 쓰신 사론집 『분단 시대의 역사 인식』을 보다가 4·19 혁명과 5·16 쿠데타 등의 역사적 격변에 대해 서술한 대목을 읽게 되었어요. 그 책은 역사의 큰 변화가 평범한 사람들의 구체적인 삶을 얼마나 크게 규정하는지에 대해 이야기하고 있었어요.

그게 무슨 말인 줄 알지요? 역사의 큰 변화에 속수무책으로 당할 수밖에 없는 개인들의 모습이 영화를 보듯 또렷하게 보이는 듯했어요. 역사를 보는 눈이 그런 거지요. 아버지가 하시던 사업이 5·16 쿠데타 직후에 파산하고 나서 우리 가족들이 큰 어려움을 겪었거든요. 아버지가 개인적으로 무능했거나 우리 가족들에 관한 애정이 없어서 우리를 고생시킨 것이 아니라, 개인으로는 감당할 수 없는 역사적 변화 속에서 아버지도 당하신 거였구나 하는 생각이 들었지요. 아버지를 미워하던 마음도 그 순간에 싹 다 잊을 수 있었어요.

머릿속이 고압 전기가 통한 것처럼 하얗게 되면서, 꼭 하늘에서 들리는 것처럼 내 마음에서 우러나온 소리가 "내 아버지는 죄 없다!"였어요. 아버지에 관한 미움이 마음속에서 정말 감쪽같이 사라진 거예요. 그 이후로는 아버지하고 다툰 적이 없었어요. 아버지의 모든 것이 이해됐어요.

여러분이 부모님을 원망하게 되었을 때 제 말을 잘 기억하세요. 어떤 부모라도 여러분을 힘들게 하고 싶어 하지 않아요. 일부러 그러는 법은 없지요. 실직, 불황, 이건 부모님이 마음대로 하는 게 아니거든요.

저는 등록금을 못 내서 수업받다 말고 학교에서 자주 쫓겨났어요. 아버지가 좀 미웠겠어요? 원망스러웠지요. 그런데 그게 부모님의 죄가 아니라는 사실을 알게 되었어요. 뒤늦게 알았지만 알게 되어서 참 행복했죠. 그리고 부모님들께 고마웠어요. 내가 그렇게 성질 내는 걸 다 받아 주며 지켜보시기가 얼마나 힘드셨겠어요? 고분고분 말 잘 들어도 마음 아플 일이 많았을 텐데 건달 같은 녀석이 집에도 잘 안 들어오고 해서 참 힘드셨을 거예요.

여러분이 앞으로 사회생활을 하면서 어떤 어려움을 만나더라도,

내가 해결할 수 없는 것, 내 책임 아닌 것, 이런 것에 관해선 고민하지 않았으면 좋겠어요. 물론 스스로 할 수 있는 일인데 제대로 못 하는 건 여러분이 책임져야지요.

직업 선택에 관해서 마무리 삼아 한마디 더 하겠습니다. 내 아이들에게도 무슨 일을 선택하고 어떤 일을 하라고 하지 못하는 터라, 이거 하면 좋겠다거나 저거 하면 좋겠다거나, 여러분에게 구체적으로 이야기하지는 못합니다. 여러분은 내가 아니잖아요. 다만, 여러분이 하는 일이 여러분에게도 좋지만 사회에도 득이 될 일이면 좋겠어요. '자리이타 自利利他'라는 말이 바로 그 말이지요. 내가 하는 일에 대한 사회적 평판이 스스로 내린 판단과 다르지 않다면 나 자신을 믿고 선택한 일이 참 좋은 일이겠지요.

법정 스님은 '무소유'를 말씀하신 덕분에 무소유와 가까이 사셨을 것 같아요. 사실 『무소유』의 책 표지 그림이 제가 새긴 판화예요. 스님하고 가끔 뵙고 지냈는데, 참 좋은 어른이셨어요. 세상 사람들에게 칭송을 받을 만한 훌륭한 삶을 사신 분이었지요. 스님이 30대에 그 글을 쓰신 덕분에 평생 함부로 안 살겠다고 생각하셨다면 나쁜 일이 아니지요. 저도 좋은 말을 담은 그림을 많이 그린 바람에, 판화를 보신 분들이 제게 기대하는 삶에서 너무 벗어난 삶을 살지는 말자는 생각을 하고 있거든요.

사람이 굶고는 못 사니까 어떤 일이라도 해야 하지만, 그 일을 하는 과정이 곧 나를 가다듬고 나를 함부로 살지 않게 하는 일이면 좋겠어요. 소중한 인연으로 동시대를 살아가는 사람들 모두에게 의미 있는 일이 되면 더 좋겠지요.

살다 보면 남들이 해 주는 칭찬을 통해서 제 일을 발견할 수도 있어요. '어! 내가 여기에 재능이 있었나?' 할 수 있을 거예요. 살면서 스스로를 유심히 살펴보세요. 그중에 내가 정말 좋아하는 일들이 있을 거니까요.

대학의 학과 목록을 놓고 직업을 고민하는 방식만은 권하고 싶지 않아요. 우리가 하고 싶은 일이 어떻게 상품 브랜드처럼 떠오르겠어요? 사람이 얼마나 다양하고 우리 마음이 얼마나 복잡하고 오묘한지 잘 알잖아요. 고민의 색깔과 종류가 이렇게 다채로운 것만 봐도 사람이 그렇게 간단한 존재가 아니라는 것은 알 수 있지요.

대한민국에는 직업이 2만 종 남짓 된다고 해요. 20만 종이나 되는 나라도 있지요. 우리가 상상할 수 있는 모든 일이 직업이 될 수 있는 시대지요. 과거에 여행이 직업이 될 거로 생각한 사람들이 있었겠어요? 우리 때는 김찬삼이라고 하는 분이 대한민국을 대표하는 여행가였지만 직업은 대학교수였지요.

그런데 지금은 직업란에 여행가라고 쓰는 사람이 수도 없이 많아요. 긍정적인 변화지요. 제 아들도 아르바이트해서 돈만 모이면 외국으로 배낭여행을 떠납니다. 물론 경제적 여유가 없으니까 가난한 여행이지요. 그런데 그 일을 그렇게 열심히 하는 것을 보면 그게 본인한테 의미 있는 일인가 봐요. 단순한 호기심만은 아니기를 바라면서 지켜보는 중이에요.

여러분이 상상할 수 있는 모든 것이 직업이 될 수 있습니다. 직업의 종류 속에 아직은 포함되지 않은 일이라도 여러분이 상상할 수 있는 일이라면, 그걸 자신의 직업으로 삼아도 좋겠다는 생각을 해봅니다. 미기록 직업을 발견하는 첫 번째 사람이 되면 행복하지 않을까요? 제가 더 자유롭게 살기를 기대한다는 것은 그런 이야기입니다. 우리 아이들한테 그랬듯이 여러분에게도 그런 기대를 합니다. 더없이 자유롭게 자신의 일을 선택할 수 있으면 좋겠어요.

일을 한번 내 보자

그리고 마지막으로 한마디 꼭 덧붙이고 싶은 것은, "우리 어머니, 아버지가 반대해요! 우리 부모님은 제가 그렇게 얘기하면 금방 야단치실걸요!"이렇게 나오는 친구들이 있지요? 조언 하나 해 드릴게요. 여러분이 진정으로 원하는 간절한 꿈이라면, 부모님께 투정과 짜증이 묻어나는 목소리 말고 진지하게 말씀드려 보세요. 부모님들이 못 미더워하실지 모르지만 "정말 내 일이라고 생각합니다.

이거 한번 해 보고 싶습니다!” 하는 거지요. 한번 해 보세요. 부모님이 남들 앞에 자랑하고 싶어 하실 직업이 아니라고 해도, 내가 선택해서 이제부터 시작해 보고 싶은 일이 있다면, 부모님께 진지하게 한번 말씀드려 보세요. 자녀가 자신의 진로에 관해서 진지하게 이야기하는데, 당신의 몰이해 때문에 혹은 당신의 기대 때문에 반대하는 부모님은 안 계실 거예요.

그리고 무엇보다 행복해하면서 사는 일이 중요해요. 수업 시간 때문에, 주어진 과제나 학원 때문에 많이 힘들겠지만 우리가 경이로운 생명으로 이 세상에 왔다는 사실도 한번쯤 떠올려 보고, 놀라운 존재들끼리 사건도 하나쯤 만들고 일도 한번 내 보고 하세요. 뭔가 놀랄 만한 일을 만들 수 있지요. 가끔 이대로 사는 건 재미없다 싶거든 부모님이나 선생님 몰래 엉뚱한 짓을 해 보셔도 좋고요. 제 경험으로는 몰래 엉뚱한 일을 저지를 때가 제일 행복했던 것 같던데요. 숨겨 놓은 사탕을 빼먹는 것처럼 뭔가 몰래 하고 싶은 일이 있다면 해 보세요. 생생하게 살아 있다는 기분을 느껴 보시라고요. 어른들처럼 살면 재미없어요. 우선 쉽게 지쳐요. 지쳐 버리면 청소년기가 온통 불행해지는 거지요.

어디 가서 가벼운 사고는 좀 쳐도 좋으니까 부디 중·고등학교 학창 시절을 행복하게 보내기를 바랍니다.

한 시간도 넘게 이야기를 했네요. 재미있는 얘기가 되지는 않았지만 저는 여러분하고 이렇게 만나서 같이 있는 것만으로도 행복했어요. 이렇게 정리해도 될까요? 그럼 오늘 내용에 대해 질문해 주세요.

청소년 마음공부에 대해 더 자세히 말씀해 주세요.

이철수 마음공부는 늘 붙들고 있어야 하는 공부니까 힘들다고 하면 참 힘든 일이지요. 마음은 우리 안에 언제나 같이 사는 거잖아요. 고치기 어려운 버릇처럼 늘 같이 있으면서 적절하게 고삐를 채는 거라고 해야 할까요? 조용히 자신을 살피는 일이라고 생각해도 좋지만, 참선 수행을 하는 사람들처럼 방석에 앉아서 하는 그런 것만 공부가 아니고 살면서 끝없이 자신의 고민을 지켜보고 욕심도 지켜보고 하는 일이지요.

여러분 같으면 공부하기 싫어하는 그 마음도 좀 지켜보세요. 스스로 타이르기도 했다가 북돋우기도 했다가 야단도 쳤다가……. 이미 다들 그러고 있지요? 그게 마음공부지요. 책상 앞에 앉았는데 공부가 안 될 때 여러 가지 생각이 많아지잖아요. 지금 이거 안 하면 부모님한테 무슨 욕이 돌아올지도 상상이 되고 내일 선생님하고 또 어떤 관계가 될지도 상상이 되고, 그런저런 것을 유심히 보는 일이기도 하지요.

판화 새기는 일은 좋지만 직업이 되고 보니 신선함이 모자라는 게 늘 아쉬워요. 제가 자주 하는 농담이 있어요. 드라이브할 때 좋지 택시 운전사 하면 좋겠냐? 판화도 자기표현으로서 매력이 있는 일인데, 마감일이 정해져 있을 때는 여러분이 내일 제출해야 하는 과제물과 비슷하지요. 이럴 때도 마음공부가 필요하겠지요.

청소년 그림으로 항상 세상에 발언하시잖아요. 사회에 대한 문제제기가 더 중요하다고 생각하시는지 아니면 자기 마음공부를 하는 게 더 중요하다고 생각하시는지 알고 싶습니다.

이철수 사실 그 두 가지가 따로 있는 게 아니에요. 우리는 누구나 경이로운 이력을 가지고 태어난 소중한 생명이고 존재 자체가 신비인데, 이런 존재들이 사람들이 만들어 놓은 사회 시스템 속에서 누구는 가난한 사람이 되고 보호받지 못하고 소외되고 하는 차별 속에서 살아가잖아요. 나뿐만 아니라 다른 모든 존재가 그만큼 소중하고 경이로운 존재라는 인식이 사회에 보편화되면 문제는 해결된다고 봐요.

누구는 너무 많이 누리고 누구는 아무것도 누릴 수 없고, 누군가는 억울하고 고통스러워서 스스로 목숨을 끊는 사회에서, 세상에 대한 고민과 마음공부가 모두 존재에 대한 속 깊은 이해를 말하는 것이라면, 따로 갈 수 없는 일 아닐까요?

누구나 서로 억압하는 존재가 돼서는 안 돼요. 억압을 당하고 상처받는 존재로 스스로 전락해 가서도 안 되고요. 사회에 문제 제기하는 일도 당연하고, 그게 설사 내 이해가 걸린 문제가 아니라고 해도 대신 이야기할 이유도 자격도 우리 모두에게 당연히 있다고 봐요.

우린 똑같이 소중한 존재들이니까 그 스스로 존귀한 줄 모르고 사는 이가 있다면 가르쳐 줘야 할 책임이 있고, 스스로 존귀한 존재라고 느끼는 사람이라면 함부로 하는 경멸이나 능멸을 받아들일 이유도 없겠죠. 받아들이지 않겠다고 스스로도 당당하게 이야기할 수 있을 거고, 억압하는 자리에 편안한 기분으로 앉아 있을 수도 없을 거고. 그런 점에서는 순수한 영혼을 가지면 세상 문제에 관해서도 분명한 태도를 가지게 될 거라고 생각해요.

청소년 저는 되게 행복하게 살고 있다고 생각하거든요. 그런데 주변에 보면 자기를 소중한 존재라고 생각 못 하는 애들도 많고 그렇게 만드는 선생님들도 많아요. 그럴 때 저는 어떻게 말하거나 행동해야 할지 모르겠어요.

이철수 선생님 문제까지 책임지라고 하기에는 좀 그렇지만, 자기 존중, 자기 긍정, 이런 태도는 참 좋은 거니까 그런 마음으로 친구가 돼 주면 좋겠네요. 긍정적인 생각은 전염되는 거거든요. 자존감을 가지고 스스로 소중하다고 느끼고 경이로운 존재라는 깨우침을 품고 살면 그것 자체가 전염력이 있어요. 그런 친구들하고 친구가 되어 줄 수 있으면 해결이 되지 않을까요? 좋은 친구가 되려고 애쓰다 보면 본인도 좋아져요.

며칠 전에 우리 동네의 하수구 옆에 제비꽃 무더기와 흰 나비 한 쌍이 날아다니는 정말로 봄다운, 그림 같은 풍경을 보았다. 좀 더러운 세상이라도, 봄은 오고, 꽃은 피고, 나비는 난다. 지금 그곳에 제비꽃이 조금 더 많이 피었을 것 같다. 내일 한 번 그곳에 다시 가 보아야겠다. 제비꽃이 더 피었는지……. 그럼 세상에 희망이 남아 있다는 것을 정말로 믿을 수 있을 것 같다. – 준람

선생님은 밭에서 일을 하시는데 밭일을 하다 보면 그림 거리를 많이 발견하게 된다고 하셨다. 그림을 그릴 때 남을 의식하면 계산을 하게 되는데 밭에 있으면 욕심도 사라지고 순수해지고, 농사를 짓다 보면 정직해지고 쓸데없는 생각이 없어진다고 하셨다. 공부도 마찬가지다. 공부는 자신을 갈고닦아 성장시켜야 하는데 그보다는 남들과 경쟁하게 된다. 그러다 보니 친구는 경쟁 상대로 바뀌면서 서로에게 솔직하지 못하고 짜증만 잔뜩 쌓이게 된다. 남보다 앞서고 싶은 마음을 떨쳐 버려야 하는데 그렇게 하지 못하고 있다. 일부러 안 했지만 어느 순간 그런 내 모습을 발견하게 되면 슬퍼진다. 어서 빨리 마음 밭을 갈고 뒤집어야겠다. – 구름빵

나는 아직 꿈을 정하지 못했는데, 객관적으로 좋다고 하는 직업이 좋은 것만은 아니라고 하셔서 뭐를 해야 할 지 되게 고민이 되었다.

그리고 행복해하면서 살라고 하셨다. 힘들어도 우리는 놀라운 생명이고 놀라운 존재들끼리 서로 꿈꾸고 가끔 몰래 엉뚱한 짓도 하라고 하셨다. 그리고 순수한 자기 수행을 하고 24시간 마음공부를 하고, 참여하고 감정 조절을 잘하고 자기가 좋은 친구가 되어서 친구에게 전염시켜 주라고 하셨다. - 다혜

진정으로 열망하면
그것이 미래가 된다

박현희 | 독산고등학교 사회 교사

나의 열망이 나의 미래를 만들어 낸다면,
우리의 열망은 우리의 미래를 만들어 내는 거예요.
세상에 맞춰 여러분의 열망을 조절하지 말고
여러분의 멋진 꿈에 맞춰 세상을 바꾸어 보세요.
아름다운 꿈과 열망을 가진 여러분이
오늘 여러분 인생의 주인이고 내일 우리 사회의 주인이랍니다.

박현희

선생님은 1993년부터 사회를 가르쳤습니다. 현재는 독산고등학교에서 멋진 친구들과 공부하고 있습니다. 『행복을 배우는 경제수업』, 『땅콩 선생, 드디어 인권교육하다』, 『거꾸로 읽는 한국사』, 『사회 선생님이 들려주는 경제 이야기』 등의 책과 중·고등학교 사회 교과서를 혼자서, 혹은 도반들과 함께 썼습니다.

진정으로 열망하면 그것이 미래가 된다

반가워요. 저는 독산고등학교에서 사회를 가르치는 박현희입니다.

오늘은 노는 토요일이고 연휴의 한복판이잖아요. 그래서 아침에 시간 맞춰 오는 일이 쉽지 않았을 거예요. 그런데도 이렇게 자리를 가득 채운 여러분을 보니까 '우리 사회가 희망이 있구나.' 하는 생각이 들었어요. 감사합니다.

저는 오늘 굉장히 기쁜 마음으로 왔어요. 오래전 다른 일로 이 근방에 오게 되었어요. 여러 가지로 아주 절망적인 상황이었는데, 마침 비까지 오더라고요. 어디 쉴 곳이 없을까 하고 있는데 찻집처럼 보이는 곳이 있었어요. 그곳에서 차도 한 잔 마시고, 편안함을 주는 공간에서 위안도 얻었지요. 그곳이 길담서원이었어요. 길담서원에서 강의를 해 달라고 하니 참 기뻤지요. 인연이 닿았다는 느낌에서 굉장히 행복했어요. 여러분도 오늘 이 자리에 이렇게 만나는 친구들, 그리고 이 공간, 또 여기서 생겨나는 다른 일들과 좋은 인연을 계속 만들어 나가는 시간이 됐으면 좋겠어요.

생각해 보면 이 인연이라는 것이 참 중요해요. 어떤 일은 시간이 흘러 흘러 '어? 내가 왜 이것을 하고 있지?' 하는 생각이 들고, 또 어떤 일은 몇 년 전에 상상하지도 않았던 거예요. 이렇게 내가 현재 살아가며 하는 어떤 일, 어떤 발언, 만나는 사람, 그 에너지, 이런 것들이 모여서 앞으로의 나의 일을 만들어 내는 것이죠.

때로는 꼴찌였던 것이 보탬이 되기도 한다

강의를 시작하면서 먼저 문제를 하나 낼게요. 다음 중 박현희에 대한 진실이 아닌 것은?

1) 달리기가 취미이다. 하프 마라톤을 완주한 적도 여러 차례 있다.
2) 스트레스가 생기면 노래방에 가서 큰 소리로 노래를 부르는 것으로 스트레스를 푼다.
3) 꼴찌를 해 본 적이 있다.
4) 경품으로 해외여행을 가 본 적이 있다.
5) 옷 만들기가 취미다. 웬만하면 만들어 입는다.

1번, 달리기가 취미. 맞아요. 열 받으면 뜁니다. 그런데 이거 좋아요. 열이 머리로 몰리는 건 안 좋아요. 뛰면 에너지가 아래로 내려가서 열이 내리면서 화가 풀려요. 달리기를 하는 것은 선생님들한테 좋은 취미인 것 같아요. 또 좋은 게 있어요. 내가 뛰는 것을 보면 친구들이 내가 화가 났다는 사실을 안다는 거죠. "아, 우리 담탱 뛰는 거 보니 오늘 또 열 받았네." "오늘은 열 많이 받았나 보다. 오래 뛰네." 그렇게 아는 거죠.

3번, 꼴찌를 해 본 적도 있습니다. 대학 성적이 꼴등이었어요. 제가 대학을 졸업할 때쯤 순위 고사라는 것이 생겼어요. 졸업하면 그냥 선생님이 되는 걸로 알았는데 시험을 본다는 거예요.

저는 19명 중에 18등이었어요. 이 내신으로 순위 고사에 붙으려면 죽기 살기로 공부해야겠구나 싶어서 열심히 했습니다. 겨우겨우 붙었어요. 어느 날 동창 모임에 가서 "얘들아, 고백할 게 있는데 내가 사실 19명 중에 18등이다. 누가 19등이냐. 나와라." 했는데 비겁하게 아무도 안 나오는 거예요. 나중에 알고 보니 18등이 두 명이었던 거 있죠. 저 꼴찌 맞아요. (웃음)

좋은 점도 있어요. 내신의 부진함을 이기려고 열심히 공부했거든요. 꼴찌 성적 그대로 선생님이 됐으면 그저 지지부진한 선생님이 됐을 텐데, 그때 공부 열심히 한 덕분에 실력도 좋아졌고, 또 공부하는 맛도 알게 되어서 지금까지 열심히 공부하며 살고 있어요.

성적이 좋지 않은 친구들에 대해서도 긍정적으로 생각할 수 있게 되었어요. '이 친구는 다른 능력을 가지고 있을 뿐이다.' 하고 말이에요. 학교가 아닌 다른 곳에서 반짝반짝 빛날 수 있는 그런 능력.

4번, 경품으로 해외여행 간 적도 있어요. 경품에 당첨돼서 중국여행 갔다 왔어요. 진짜 공짜더라고요. 그런데 당첨 사실을 저에게 직접 알려 주지 않더라고요. 친한 선생님이 자기가 이벤트가 됐나 보려고 들어갔더니 자기 이름은 없고 제 이름이 있다는 거예요. 이렇게 이미 행운이 찾아왔는데도 알지 못하는 적도 있어요. 찬찬히 주위를 살펴보세요. 행운이 찾아 왔는데 그걸 모르고 지나치면 곤란하잖아요.

그런데, 저는 경품의 여왕이에요. 진짜 경품 잘 돼요. 제가 어떻게 경품의 여왕이 됐을까요? 생각해 봤는데 비결은 계속 응모를 하는 거죠. (웃음) 어떤 일이든지 성공하려면 일단 해 보는 거예요. 확률적으로 따지면 실패와 성공의 횟수가 똑같지만 자꾸 해 보면 성공 가능성이 커지는 거죠. 응모하지 않으면 당첨도 없잖아요.

5번, 옷 만들기가 취미인 것도 맞아요. 밤새워 바느질을 하는데, 치마며 블라우스도 만들어 입고 가방도 만들어요. 시장에서 돈 주고 산 옷은 버릴 수 있지만 밤새워 꿰매 만든 옷은 쉽게 버리지 못해요. 엉성하고 별 볼 일 없어도 그건 '나만의 것' 이거든요. 그 '나만의 것' 이라는 느낌이 좋아서, 더 싼 값에 옷을 사 입을 수 있는데도 자꾸 바느질을 하고 있네요.

정답은 2번이에요. 저는 노래를 못해요. 음치예요. 학교를 새로 옮기면 선생님들이 노래방에 가서 노래를 시켜요. 못한다고 해도 억지로 시켜요. 하고 나면 다시는 안 시키고, 내게 노래시킨 것을 두고두고 미안해해요. 그 정도로 노래를 못해요.

인간이 만든 가장 심한 고문 도구가 노래방 기계라고 생각해요. 왜 사람을 깜깜한 지하에 가두어 놓고 억지로 노래하라고 하나요? 노래방 기계가 고문 도구라니까 많이들 웃네요. 어떤 사람에게는 즐거움을 불러오는 놀이 도구인데, 어떤 사람에게는 고문 도구라는 것이 놀랍지 않나요? 참 다행이에요. 사람마다 좋아하는 것, 잘하는 것이 서로 달라서 말이에요. 우리가 서로 다르니 하고 싶어 하는 일도 서로 다르고, 덕분에 세상은 조화롭게 움직일 수 있어요.

꼴찌라는 것이 일에 도움이 되기도 한다, 성공하려면 일단 시도해 보아야 한다, 돈으로 따질 수 없는 일의 보람과 기쁨이 있다, 사람마다 하고 싶은 일, 잘하는 일이 다르다. 일과 관련해서 제가 평소에 하는 생각들을 문제로 한번 정리해 보았어요.

개미 vs 베짱이, 누구의 삶이 더 나을까?

이제 오늘의 주제 "청소년은 앞으로 무슨 일을 하고 살아야 할까?"에 대해 본격적으로 생각해 봐요. 사실 현재의 일도 모르는데 미래의 일을 어떻게 아느냐고 항의할 수도 있겠죠. 하지만 친구들과 지혜를 모으면 어렵지만은 않을 거예요.

그럼 오늘의 주인공을 소개할게요. 누구죠? 개미랑 베짱이입니다. 혹시 생각나는 이야기가 있나요? 맞아요. 개미는 부지런하고 열심히 일을 해요. 베짱이는 신나게 기타나 바이올린을 켜며 여름 내내 놀았어요. 그러다가 여름이 지나고 겨울이 왔어요. 개미는 따뜻한 집에서 환하게 불을 밝혀 놓고 그동안 열심히 모아 놓은 맛있는 음식을 먹고 편안한 겨울을 보내요. 하지만 베짱이는 어떻게 되지요? 책마다 결말이 조금씩 달라요. 개미네 집에 음식을 얻으러 갔지만 쓸쓸하게 돌아오는 것도 있고요, 다른 버전에서는 개미가 베짱이에게 음식을 먹여 주고 "다음부터 인생을 그렇게 살면 안 돼!"라고 충고해 줘요. 어떤 결말이든 전하는 메시지는 같죠. 개미는 좋은 편, 베짱이는 나쁜 편.

제가 자랄 때 자주 보던 표어는 "싸우면서 건설하고 건설하며 싸우자"였어요. 당시 대한민국의 양대 과제는 '반공'과 '경제 성장'이었어요. 부지런한 개미의 삶은 예나 지금이나 칭찬받는 삶이에요. 하지만 시대가 바뀌면서 베짱이에 대한 시각도 많이 바뀌고 있어요. 지금부터 서너 명씩 조를 짜서 이야기를 나눈 다음, 베짱이를 돕지 않는다는 원전原典에 근거해서 개미를 위한 변명과 베짱이를

위한 변명을 준비해 보세요. (청소년 조별 토론 후 이야기함)

1조 개미는 꿈을 가지고 미래를 열심히 준비했어요. "일하지 않은 자는 먹지도 말라"는 주관을 가지고 열심히 일했어요. 개미의 꿈은 겨울을 안락하게 사는 것이었어요. 노후 대비를 했습니다. 베짱이는 자신의 삶을 즐기며 살았습니다. 현재를 즐기는 거죠.

2조 개미는 착하고 성실하게 살았습니다. 여름에 열심히 일한 덕분에 겨울에 편하게 지낼 수 있었습니다. 게으른 베짱이를 정신 차리게 해 주었습니다. 하지만 베짱이도 재미있게 살았습니다. 노래도 일인데 놀았다고 비난하면 안 된다고 봐요.

3조 개미는 미래를 대비해서 열심히 일했습니다. 베짱이는 하고 싶은 일을 하면서 후회 없이 살았습니다.

4조 원래 일을 하는 게 개미의 직업입니다. 베짱이는 노래하는 게 일이고요.

이야기가 점점 미궁으로 빠져들어 가는데요. (웃음) 이솝 우화의 원전에서는 먼저 개미가 어떻게 해서 생겨났는가를 이야기합니다. 거기에 보면 욕심 많은 농부가 이웃집 쌀을 훔쳐요. 그래서 제우스

신이 화가 나서 욕심 많은 농부를 개미로 바꾸었다고 해요. 개미는 원래 욕심이 많은 것으로 나오는 거지요.

저는 「개미와 베짱이」에서 얻을 수 있는 교훈은 크게 두 가지라고 생각해요.

첫 번째는 우리는 '개미의 삶을 선택할 수도 베짱이의 삶을 선택할 수도 있다'는 거죠. 열심히 일하는 것만을 미덕으로 삼아 왔기 때문에 지금까지는 개미의 삶을 일방적으로 칭찬했죠. 개미도 좋고 베짱이도 좋은데 이야기가 전달되는 과정에서 개미가 일방적으로 미화된 것이 문제라고 생각해요.

두 번째는 어떤 선택을 하든지 그에 대한 대가를 치르게 된다는 사실이에요. 내가 어떤 것을 선택하느라 치르는 비용을 '기회 비용'이라고 해요. 두 가지를 모두 선택할 수 없다면 포기한 것에 대한 대가를 치러야 해요. 예를 들어 배용준과 장동건 중 선택을 해야 하는데 배용준을 선택했다면 장동건이 기회 비용이 되는 거죠.

슈바이처 박사는 안락한 삶을 버리고 아프리카로 떠났어요. 아프리카에서 또 다른 삶을 개척하기 위해 오르간 연주자로서의 명성도 의사로서의 명성도 경제적 안락함도 모두 포기해야 했지요.

여러분이 앞으로 어떤 일을 선택하게 될지 모르겠지만 기억할 것은 동시에 가질 수 없는 것들이 있다는 것이에요. 하루하루 성실하게 일하기를 선택한 개미는 베짱이같이 창조적인 삶, 흥미진진한 삶을 포기해야 하겠지요. 베짱이처럼 흥미진진한 삶을 선택한다면 안락하고 편안한 삶은 저만치 물러가는 것이지요.

진정으로 열망하면 그것이 미래가 된다

사람들이 별자리로 미래를 점치거나 점집을 찾는 이유는 무엇일까요? 미래를 예측하고 싶기 때문이겠죠. 그렇게 해서 로또 당첨 번호를 알게 되거나, 학생들이라면 기말 고사에 무슨 문제가 나올지 미리 알면 얼마나 행복하겠어요. 그래서 사람들은 예전부터 손금, 사주, 별자리, 산통점算筒占 등을 보았습니다. 차를 마신 후 찻잎이 흩어지는 모양으로 미래를 점치기도 했어요. 그렇게 여러 가지 방법을 동원해서 미래를 알고 싶어 했어요. 요즘은 과학적인 통계로 미래를 예측해요. 우리는 왜 미래를 알고 싶어 할까요? 재앙을 피하고 행운을 얻고…… 궁극적으로는 행복해지기 위해서가 아닐까요?

옛날 사람들은 미래는 정해진 것이고 운명을 피해 갈 수 없다고 생각했어요. 하지만 미래는 만들어 가는 거예요. 오늘 자기가 어떤 삶을 살고 싶은가 성찰해 보고 강렬한 열망을 가지면 그 일을 성취할 수 있어요. 모든 사람이 원하면 그것이 우리의 미래가 돼요. 내가 강력하게 원하면 그것이 나의 미래가 되는 거예요.

이 시대의 대표적인 베짱이, '노리단'에 대해 생각해 볼까요. 노리단은 그냥 두면 버려지게 될 여러 가지 폐자재를 이용해 직접 악기를 만들고 공연을 하는 사회적 기업이에요. 비학교 청소년들을 위해 설립된 '하자센터'에 모인 청소년들을 중심으로 해서 만들어졌는데, 요즘은 제법 잘나가는 공연 그룹이 되었어요. 최근에는 워크숍을 개최하고 공공 장소에 자신들이 만든 악기를 설치하는 일을 하기도 하면서 점차 사업 영역을 넓히고 있어요. 노리단의 구성원들을 보면, 고등학교를 그만두고 비학교 청소년으로 살아가다가 하자직업학교에서 노리단 일을 하면서 그것이 직업이 되고 삶이 된 친구들이 많이 있어요.

그 친구들은 즐겁게 악기를 연주하면서 살고 싶다는 자신의 열망을 똑바로 보고 그 열망을 고스란히 간직한 삶을 선택했어요. 대신 '개미가 누릴 수 있는 안락함'을 포기했지요. 저는 미래의 일을 결정할 때 제일 중요한 것은 '내가 무엇을 열망하는가?'를 파악하는 것이라고 생각해요. 부모님의 열망 말고 사회가 내게 최면을 걸어 놓은 열망 말고 진짜 온전히 나의 것인 열망 말이에요. 진정으로 열망하면 그게 바로 미래가 됩니다.

옛날의 일 vs 오늘날의 일

이제 사람들이 일에 대해서 옛날에는 어떻게 생각했고 지금은 어떻게 생각하는지 간단하게 살펴볼게요.

옛날 사람들은 일은 저주이고 수치이며 고통이라고 생각했어요. 아담과 이브를 생각해 볼까요? 아담과 이브는 평생 아무 일도 하지 않고 살았어요. 그러다가 아담이 죄를 지어서 어떻게 됐나요? 그래요. 아담에게는 평생 노동을 해야 하는 벌을, 이브에게는 출산의 고통을 안겨 주었어요. 여기서 일은 벌이에요. 저주인 거죠. 옛날 사람들은 일을 저주로 생각했어요. 가급적 안 하면 좋은데 어쩔 수 없이 하는 것이라는 거죠. 그런 생각은 꽤 오래갔어요. 지금하고는 다르죠? 요즘은 어때요? "누구 아들이 대학을 졸업했는데 일이 없어 놀고 있대." 그러면 안 좋은 거잖아요.

인류의 조상은 원래 일을 안 했어요. 풀뿌리, 나무 열매 등 자연물을 채취하며 살았기 때문에 일을 하지 않았어요. 개미 같은 곤충을 잡아먹기도 했대요. 그래서 많은 시간 일을 하지 않아도 먹고살 수 있었던 거지요. 하루에 서너 시간이면 충분했대요. 그러다가 인구가 늘어나서 채취만으로는 먹고살 수 없자 씨를 뿌려 농사를 짓기 시작했어요. 우리는 보통 그전에는 농사짓는 기술을 몰랐다고 생각해요. 하지만 그렇지 않습니다. 농사짓는 방법을 알았는데도 먹을 것이 지천으로 있어 굳이 농사를 짓지 않았다는 것이지요.

실제로 아프리카의 부시맨에게 농사짓고 정착하는 법을 가르쳐 주었더니 "몽고몽고넛(부시맨 주식)이 이렇게 널려 있는데 왜 우리가 씨를 뿌려야 하나?"라고 했대요. 일을 하지 않으면 굶어 죽을 수밖에 없는 상황이 되었을 때 인간이 농사를 선택했다는 것이에요. 그 전에는 그러니까 계속 놀았어요. 그것은 구석기 시대에만 그랬던 것이 아니라 고대 그리스에도 계속 되었어요.

고대 그리스 사람들은 학문의 전당에서 토론을 즐기면서 직접 민주 정치를 했는데, 일은 누가 했을까요? 노예에게 시켰어요. 그러니까 일은 노예들이나 하는 수치스러운 짓이고 인간답게 산다는 것은 여가를 즐기는 거라고 생각했어요. 일에 대해서 부정적으로 생각했다는 거예요.

땀 흘려 일하는 것이 천하고 수치스럽다는 생각은 르네상스 시대까지 계속 이어졌어요. 르네상스 시대에 예술품이 많이 나오죠? 이 사람들이 예술과 노동을 구별하는 기준이 있는데, 예를 들면 그림은 예술이고 조각은 예술이 아니라고 생각했어요. 왜 그랬을까요?

조각은 땀을 흘리고 근육을 쓰며 힘을 들여야 하잖아요. 그래서 조각은 천한 일이고 회화는 예술이라고 생각했지요. 그러니까 조각가는 예술가가 아니라 노동자였어요. 그래서 조각을 그림보다 천한 것으로 생각했다는 거예요. 이런 식의 생각들이 계속 있었어요. 일은 꼭 해야 하고 일은 굉장히 소중한 것이라는 생각은 원래부터 있던 인간의 본성적인 특징은 아니라는 거죠.

에스파냐는 신항로를 개척하면서 남아메리카에 식민지를 만들었습니다. 그리고 그곳 사람들에게 일을 시켰는데 임금을 주었어요. 처음엔 강제 노동이 아니었지요. 남아메리카 사람들은 신기한 물건도 주고 하니, 처음엔 호기심으로 일했지만 점점 일하러 오지 않았어요. 왜 그랬을까요? 일을 안 해도 먹고살 수 있는데 굳이 일할 필요를 느끼지 못했다는 거죠. 에스파냐 지배자들이 그들에게, 받은 것을 모았다가 쓰라고 말했지만 듣지 않았어요. 그럴 필요가 없었으니까요. 그래서 돈이 필요한 상태를 억지로 만들어 냈어요. 끝없는 소비재인 마약, 술, 담배 같은 것을 팔면서 일을 할 수밖에 없도록 만들었다고 해요.

우리는 이제 이런 결론에 도달할 수 있게 되지요. 우리가 이렇게 규칙적으로 일하는 것이 자연스럽다고 생각한 것은 몇백 년도 되지 않았다는 거예요. 지금은 다 일을 하면서 살죠? 일하는 것이 원래 삶의 방식은 아니었지만 점점 자연스러워지죠. 이것은 농사가 시작되는 것과 원리가 비슷해요.

시간이 지나면서 모두가 열심히 일을 하지 않으면 먹고살 수 없는 세상이 옵니다. 인구가 자꾸자꾸 늘어나잖아요. 생태계가 주는 것만 먹고서는 살 수가 없으니까 농업이 시작되고 공업이 시작되고 점점 산업이 발전해 나가는 거죠.

일이 그 사람이 되다

　모두가 일을 해야 하는 시대가 오면서 일은 더 이상 천한 것이 아닌 게 됩니다. 오히려 일을 자랑스러워하게끔 사회가 만들어요. 유럽에서는 ‘대처(thatcher: 이엉장이), 카펜터(carpenter: 목수), 위버(weaver: 베 짜는 사람), 쿡(cook: 요리사), 테일러(tailer: 양복장이), 스미스(smith: 대장장이), 골드스미스(goldsmith: 금세공장이)’ 등 직업을 가리키는 말이 이름의 성이 돼요. 직업이 바로 ‘나’예요. 일을 계속해야 하니 일에 대한 시각을 바꾼 거죠. 이제 사람들은 ‘일이 중요한 거야. 인간은 일을 하면서 보람을 느끼는 거야.’ 하고 생각합니다. 사실 일에는 그런 측면이 있죠? 내가 아무것도 안 하면 하루 종일 무엇을 하겠어요?

　그러니까 “어이, 김 서방”이 아니라, “어이, 농사꾼”, “어이, 대장장이”, “어이, 주방장” 이렇게 된 거예요. 12～13세기부터 유럽에서는 이처럼 일을 부정적으로 생각하는 시각에서 긍정적으로 생각하는 시각으로 바뀌어요.

　나중에 산업화가 완전히 정착되면서 우리는 이렇게 배워요. “인

내는 쓰다. 그러나 그 열매는 달다. 그러니 오늘을 참고 견뎌라." "오늘 할 일을 내일로 미루지 마라." 이게 바로 우리가 사는 현대 사회의 가치관이에요.

산업 사회의 일과 농경 사회의 일은 많이 달라요. 농경 사회는 봄, 여름, 가을 열심히 일하면 겨울에 왕창 놀 수 있고 내가 일하고 싶을 때 일을 해요. 일하는 때가 몰려 있어요. 그러나 산업 사회에서는 그렇지 않아요. 계속 규칙적으로 일이 있어요. 내가 일하고 싶을 때와 일하기 싫을 때를 가리지 않아요.

농사짓는 사람은 일을 스스로 결정해요. 그런데 산업 사회는 어때요? 내가 아니라 기업이 결정해요. 그래서 산업 사회에서는 현재를 참으면서 오늘 할 일을 미루지 않고 규칙대로 일하는 새로운 인간형이 필요해진 거에요.

농경 사회는 "노세, 노세, 젊어서 노세." 하며 놀았고 그전에 수렵 사회는 "먹을 것이 많은데 왜 우리가 일을 해야 해요?" 했지만 산업 사회가 되면서 모두가 항상 일을 해야 했어요.

선생님이 포드자동차 이야기를 잠깐 하려고 해요. 포드자동차 들어 봤죠? 굉장히 유명한 자동차 회사예요. 포드 이전에는 모두 주문형 고급 자동차였어요. 그런데 포드자동차는 생산 체제를 획기적으로 대형화 · 단순화하면서 자동차의 대중화를 이루었어요.

포드자동차는 일을 분업화, 단순화시키면서 금전으로 보상해 줬어요. 그리고 자동차의 가격을 낮췄어요. 노동자도 조금만 노력하면 자동차를 살 수 있도록 만든 거지요. 노동자들은 자동차를 사려고 긴 노동 시간을 감내했어요.

백설공주는 왜 매번 죽을 뻔하면서도 자꾸만 낯선 사람에게 문을 열어 주었을까요? 백설공주는 똑똑하고 상냥했어요. 그런데 왜 난쟁이들이 경고했는데도 문을 열어 줬느냐 말이에요. 금지된 것에 대한 욕망 때문에요? 그럴 수도 있겠네요. 하지만 제 생각에 백설공주는 외로웠을 것 같아요. 외로움을 덜고자 위험을 감내하며 문을 열어 주지 않았을까요? 낮에 일하러 나가고 밤에 돌아오는 난쟁이들은 백설공주가 마음을 터놓고 이야기할 상대가 아니었을 것 같아요. 마찬가지로 포드자동차를 만드는 노동자들도 외로웠을 것 같아요. 너무 외로워서 대접을 받고 싶어 자동차를 샀을 것 같아요.

쇼핑 중독인 사람들도 물건 자체를 좋아하는 것이 아니라 그 순간의 행복감, 몰입 때문에 중독이 되는 거라고 해요. 주목받는 느낌, 주인공이 된 것 같은 느낌 때문에 충동구매를 하게 되는 것이죠. 아까 '욕망'이라는 이야기를 했죠. 사람들의 이런 욕망 즉, 소비 심리를 이용하는 것이 마케팅 전략입니다. "고객님을 최고로 모십니다." 하면 그 순간은 자기가 중요한 사람이 된 기분이잖아요.

중학교에서 줄넘기 수행 평가를 하는데 A 등급 받을 때까지 계속 책임지고 지도해 주는 줄넘기 과외가 있다고 하네요. 이제 줄넘기도 돈을 주고 배우는 시대가 됐어요. 이상하죠? 이전에는 우리끼리 머리를 짜내서 최대한 해 보고 안 되면 선생님을 찾아갔어요. 하지만 지금은 아이를 돌봐 줄 사람을 들여야 하고 줄넘기를 돈 주고 배워야 해요. 관계가 대신해 주던 일을 돈이 해 줘요. 점점 더 돈이 많이 필요한 세상이 돼 가요. 우리 부모님들은 점점 더 개미와 같은 삶을 살게 되지요. 외롭고 힘들게 사는 거죠.

개미가 택한 '안정'은 정말 믿을 만한 것일까?

그런데 우리가 살아가는 21세기에도, 개미가 택한 '안정'은 정말 믿을 만한 것일까요? 세상은 점점 불안정한 쪽으로 가고 있어요. 어떤 직업도 정말 안정적인 것은 없어요. 이전에는 은행원을 '철밥통'이라고 했어요. 한번 취직하면 정년까지 자리가 보장되고 돈을 만지는 직업인지라 어느 정도의 힘도 있었지요. 전에는 은행에서 대출받기가 어려웠어요. 그래서 은행원에게 뇌물도 주고 그랬지요. 그런데 요즘은 오히려 대출 상품을 판매하기 위해 직접 영업에 나서는 모습을 볼 수 있어요. IMF 사태 이후 구조 조정으로 정규직들이 비정규직으로 교체되면서 정년까지 보장되는 일자리는 먼 나라 이야기가 되어 버렸지요.

선생님도 더 이상은 '철밥통'이 아니에요. 〈홀랜드 오퍼스〉라는 영화를 보니까 미국에서는 선생님이 방학을 이용해 운전 교습 아르바이트를 하더라고요. 지금 변화하는 추세를 보면 이게 남의 나라 일이라고만 생각할 수 없지요. '평생 직장'이 무너져 내리고 있는 거지요. 안정적인 일을 선택해서 위험 없는 삶을 사는 것은 점점 어려운 일이 되어 가고 있어요.

만약에 내가 시인으로 살고 싶은데 망설이는 이유는 무엇일까요? 돈 때문이죠. 그래요. 그럼 해법은 무엇일까요? 노리단처럼 스스로 직업을 만들어 낸다고요? 그것도 한 방법이겠지만 더 좋은 방법이 있어요. 만일 사회 보험이 확실한 나라라면 어떨까요?

독일 이야기를 해 볼게요. 수입이 별로 없는 가족이 있는데, 이 가족에게는 아이가 4명이에요. 그런데 매달 육아 수당이 350만 원씩 나와요. 학교도 공짜예요. 병에 걸렸는데, 의료 보험 덕분에 공짜로 수술받았어요. 몸이 많이 쇠약해져서 충분한 휴식이 필요하다는 진단을 받았지요. 그런데 어떻게 쉬나요? 쉬는 동안도 급여를 보장해 주는 유급 휴가 덕분에 가능해요. 공기 좋은 요양소에 다녀오라고 요양소 이용 쿠폰도 받았어요. 이 혜택을 받는 사람이 지켜야 할 의무는 단 하나예요. 그 기간에는 절대로 일을 하면 안 된다네요. 아이가 크면 개인 공간을 마련해 줘야 한다며 국가에서 보조금이 나와요. 이 모든 일을 해줄 수 있는 돈은 어디서 나올까요? 세금이에요.

학교, 병원, 육아, 집, 노후와 같은 기본적인 문제가 해결되면 하고 싶은 일을 하면서 살 수 있게 돼요. 추위와 굶주림에 지친 예술가 베짱이가 자존심을 버리고 개미네 집 문을 두드릴 필요가 없어지는 거예요. 불안정한 미래가 두려운 베짱이가 적성에 맞지도 않는 개미의 일을 억지로 선택할 필요도 없어요. 개미도 힘들게 베짱이를 부양하지 않아도 돼요. 한 개미가 한 베짱이를 부양하는 일은 어렵지만 여러 개미가 한 베짱이를 부양하는 일은 별로 어려운 일이 아니거든요.

그래도 베짱이는 일을 하지 않았으니, 개미에게 신세 지는 것이라고요? 우리 사회에는 자동차를 만드는 일도 필요하지만 음악을 연주하는 일도 필요해요. 당장 그 일이 많은 돈으로 교환되지 않는 일이라고 해서 중요하지 않다거나 필요하지 않은 것은 아니에요. 평생 가난에 시달렸던 천재 화가 고흐를 생각해 보세요. 그의 그림이 당시 시장에서 팔리지 않았다고 해서 그가 쓸모없는 일을 했다고 할 수는 없잖아요.

꿈을 바꾸지 말고 세상을 바꾸자

여러분 가수 '비'와 '빅뱅'을 잘 알죠. 이들은 성공한 가수지만

이들을 만들어 낸 사람은 따로 있어요. 어떤 일을 생각할 때 과정을 모르면 늘 앞에 있는 사람만 바라보게 돼요. 그래서 우리는 늘 무대 위에서 스포트라이트를 받는 사람이 되기를 원하지요. 하지만 무대 뒤에 더 많은 사람이 있다는 사실을 기억해야 해요. 그 사실을 깨닫고 나면 내가 선택할 일에 대한 가능성이 수십 배, 수백 배로 커지지요.

조앤 롤링은 해리포터 시리즈의 작가예요. 그녀는 가난했지만 꿈을 포기하지 않았지요. 이제는 수많은 나라에 걸쳐 팬을 거느린 성공한 작가가 되었어요. 하지만 롤링의 원고를 열두 개의 출판사가 거절했다고 해요. 열세 번째 출판사에서 출판이 결정되었어요. 이 놀라운 작품의 진가를 알아본 열세 번째 출판사의 편집자나 기획자의 안목이 정말 훌륭하지 않나요? 열두 번이나 거절당하면서도 또다시 출판사의 문을 두드린 조앤 롤링의 출판 대행업자도 훌륭하지 않나요? 어떤 일이 제대로 되려면 언제나 수많은 사람이 필요해요. 영화가 끝나며 올라가는 자막을 생각해 보세요. 주연 배우와 감독만으로는 영화가 만들어질 수 없어요,

어떤 일에 관심이 생겼다면 그 일이 이루어지는 과정을 잘 살펴보세요. 결과만 보지 말고 겉으로 드러나는 일만 보지 말고 꼼꼼히 살펴보세요. 일이 되어가는 과정 전체를 보면 그중에 내가 할 일이 보여요. 여러분은 새로운 일을 발견할 수 있을 거예요.

여러분, 이 문장의 빈칸을 채워 보세요.

나는 서른 살이 되면 [   ]이 되어 있을 것이다.

그냥 어쩔 수 없이 되는 것 말고 간절히 되고 싶은 것이 이 빈칸 속에 가득 채워질 수 있으면 좋겠어요. 어떤 사람은 그 목록이 굉장히 길 수도 있어요. 그리고 서른 살이 되면 무엇이 되어 있어야지, 마흔 살이 되면 무엇이 되어 있어야지, 나는 이렇게 해서 멋진 오십 대를 맞아야지 하는 미래에 대한 꿈, 어떤 일을 하고 어떻게 사람들과 관계를 나누면서 살아갈 건가 하는 것을 생각할 때 이걸 기억해 주세요.

여러분의 색깔을 바꾸어 지금 세상에 맞출 수도 있지만 세상을 바꾸어 나의 색깔에 맞출 수도 있어요. 누구든 자신이 열망하는 일을 선택하여 살아갈 수 있는 세상, 그런 세상을 만들어 나갈 수 있어요. 개미도, 베짱이도 함께 행복할 수 있는 세상을 만들어 갈 수 있어요. 나의 열망이 나의 미래를 만들어 낸다면, 우리의 열망은 우리의 미래를 만들어 내는 거예요. 세상에 맞춰 여러분의 열망을 조절하지 말고 여러분의 멋진 꿈에 맞춰 세상을 바꾸어 보세요. 아름다운 꿈과 열망을 가진 여러분이 오늘 여러분 인생의 주인이고 내일 우리 사회의 주인이랍니다.

선생님이 "어떤 한 가지를 선택하면 선택에 따른 대가가 따른다"는 말씀을 하셨다. 이 말에 공감이 가면서 마음에 와 닿았다. 일본어를 배우기 시작했는데 일상생활처럼 재밌게 배우고 있다. 아직 초짜지만 배우면 실력이 늘 것이라고 믿는다. 일본 영화를 봐도 재밌게 배우니까 대화를 많이 알아듣는다. 즐기면서 배우니까 쉽고 나도 모르게 실력이 늘어난다. 공부나 일도 즐기면서 해야 효과가 높아지는 것 같다. 현재가 즐겁다 보면 미래도 즐겁게 맞이할 수 있을 것 같다. "청소년은 앞으로 무슨 일을 하고 살아갈까?"라는 질문에 하고 싶은 일을 대학 이후로 미루어 놓고 꿈을 꿀 시간도 없이 사는 것 같다는 생각이 들었다. 청소년들은 하고 싶은 일들을 하면서 살아가야 한다. 또 경제적인 측면의 일이 아닌 자기가 관심이 있고 자기 선택에 대가를 치를 수 있는 그런 일을 하면서 살아가야 한다. 아~ 그러면 나는 무슨 일을 하고 살아야 할까? 늘 고민이다. – 평민

우리는 왜 미래를 알고 싶어 할까? 궁극적으로는 행복해지고 싶어서 그러는 거다. 미래는 정해진 게 아니라 만들어 가는 것이다. 내가, 우리 사회가 무엇을 원하는지가 중요하다. 「토끼와 거북이」에서 거북이는 왜 토끼를 안 깨워 주고 그냥 갔을까? 같이 가면 더 좋았을 텐데. 토끼는 토끼대로의 삶이 있고 거북이는 거북이대로의 삶이 있다. 그래도 거북이가 토끼를 깨워 줬으면 더 좋았을 텐데……. 토끼가 거북이를 비웃지 않았으면 좋았을 텐데……. – 엑기스진

좋은 돈과 좋은 노동

송승훈 | 광동고등학교 국어 교사

여러분이 하루하루 주변의 삶과 현실을
가만히 바라보는 연습을 이 시간에 같이하고 싶었어요.
저는 여러분에게 노동이 다른 데 있지 않다고 말하고 싶어요.
집에서 부모님들이 어떻게 돈을 벌어서 가족을 먹여 살리는지
잘 살펴보면 거기에 노동이 있어요.

송승훈

선생님은 경기도 광동고등학교에서 학생들과 함께 책 읽기 교육을 하고 있습니다. 지속가능한 독서교육 모임 '물꼬방'을 만드는 데 함께했고, '전국국어교사모임'에서 펴내는 격월간지 〈함께여는국어교육〉의 편집 위원을 지냈습니다. 현재는 교육청과 여러 단체에서 글쓰기와 책 읽기를 주제로 강의도 하면서, 청소년들이 재미있게 읽으며 세상을 알게 되는 책을 가려 뽑는 일에 힘쓰고 있습니다.

좋은 돈과
좋은 노동

안녕하세요. 저는 광릉 숲 가까운 고등학교에서 국어를 가르치고 있어요. 예전에는 광릉 숲이 수도권 사람들이 즐겨 찾던 연애 장소라 여러분 부모님은 잘 아실 겁니다. 오늘 이야기 주제는 '문학 작품 속에 나타난 노동 혹은 일'인데요. 먼저 여러분이 여기에 대해 생각나는 작품들을 말해 볼까요? (청소년 대답)

고전 문학에 등장하는 일 이야기 – 『흥부전』

『흥부전』 이야기가 많이 나오는군요. 『흥부전』에서 흥부는 가난했습니다? 왜 가난했죠? (청소년 : "아이가 많아서요.") 그래요. 아이가 많아요. 그럼 흥부가 일을 안 했나요? 그렇지 않아요. 열심히 일했어요. 날품팔이를 하면서 먹고살려고 애썼어요. 심지어 남 대신 곤장을 맞아 주기도 했지요. 흥부는 열심히 일했는데도 가난했어요.

왜 그랬을까요? (청소년 : "물려받은 게 없어서요. 형인 놀부가 유산을 다 차지했어요.") 잘 대답해서 좋군요. 그래요, 흥부는 재산이 없었어요. 자기 한 몸을 재산 삼아 살아갈 수밖에 없었죠. 오늘날의 노동자와 처지가 같았죠. 노동자와 사장의 차이가 어떤 것인지 알죠? 일하면서 월급 받아 사는 사람이 노동자고 월급을 주는 사람은 사장님이죠.

형 놀부는 돈이 있으니 '사장님' 같은 사람이고 흥부는 일을 해 주고 품삯을 받는 '노동자'였어요. 놀부는 무슨 일을 하며 살았기에 부자였나요? 놀부의 직업에 대해 생각해 볼까요? 놀부는 남의 밭 호박에 말뚝을 박고 행패를 부리는데도 포도청에 잡혀 가지 않아요. 왜 그럴까요?

제 짐작에는, 아마 놀부가 금융업을 했을 것 같아요. 그래서 돈을 꿔 주고 갚지 못한 사람에게 행패를 부렸던 게 아닐까 해요. 요즘도 드라마나 영화에 돈 못 갚아서 괴롭힘 당하는데도 경찰에 도와달라고 하지 못하는 장면이 나오잖아요. 그때도 그랬으리라고 보아요.

흥부가 놀부보다 더 많은 시간을 일했는데 살림이 좀 나아졌을까요? 나아지지 않았죠. 하지만 놀부는 점점 재산이 불어났죠. 흥부는 계속 가난했고 놀부는 20년이 지나는 동안 점점 더 부자가 됐어요. 『흥부전』의 주제를, 제비 다리 분지르면 벌 받는다며 '동물을 사랑하자'로 보거나, 나쁜 짓 하면 벌 받으니 '착하게 살자'로 볼 수도 있겠지요. 하지만 어떤 사람은 열심히 일해도 가난하고 누구는 놀면서도 왜 점점 더 부자가 되는지에 대한 의문에 대해 생각해 보는 것도 좋아요.

『흥부전』 시대에 우리나라에서 자본주의가 시작됐어요. 우리 공동체에서 자본주의가 시작된 게 조선 후기라고 이야기해요. 그런데 이때 『흥부전』에서처럼 가난한 사람은 노력해도 가난을 벗어나지 못하고 재산이 있는 사람은 점점 더 부자가 됐다면, 그런 상황이 200~300년 동안 계속되었다면 사회가 폭발하지 않았겠어요? 그런데 어떻게 이런 사회가 망하지 않았을까요? 저는 여러분이 이점에 주목하면 좋겠어요.

어떤 사회 문제가 있으면 그것을 해결하려는 사람들이 나타나기 마련이에요. 다산 정약용, 율곡 이이, 정조대왕 등 많은 사람이 당시의 사회 문제에 대해 고민했어요. 많은 정치인, 학자들의 고민은 어떻게 하면 사회적 갈등을 해소할 수 있을까 하는 거였어요.

만약 여러분이 당시 정조대왕이었다면 어떤 식으로 문제를 풀었을까요? (청소년 : "사채를 금지시켜요.") 그것도 한 가지 방법이겠죠. 하지만 그러면 돈이 필요한 사람이 돈을 못 꾸는 문제가 생겨요. 예를 들어 가난한 사람이 많이 아파요. 병원비가 없어서 치료를 못 받아요. 그럼 치료를 못 받아서 죽어야 하잖아요. 어려운 사람 중에 급하게 돈을 필요로 하는 사람이 있기 때문에 사채를 금지하기는 어려워요.

문학에 비친 가난한 현실 – 「운수 좋은 날」

「운수 좋은 날」은 1924년 발표된 현진건 선생님의 작품이에요. 주인공인 김 첨지는 인력거꾼이에요. 오늘날로 말하면 택시 운전사죠. 그날 김 첨지는 일 나가기가 싫었어요. 아픈 아내가 느낌이 안 좋다면서 그날은 제발 나가지 말라고 했거든요. 그래도 돈을 벌어야 해서 나갔는데 그날따라 손님이 많아서 평소보다 돈을 많이 벌었어요. 김 첨지가 일을 마치고 아내가 평소에 먹고 싶어 했던 설렁탕을 한 그릇 사서 집에 왔는데 아내가 이미 죽어 있습니다. 김 첨지는 큰 슬픔에 잠겨 웁니다.

현진건 선생은 서울 경복궁의 서쪽에 있는 부암동에서 살았는데 거기에 가난한 사람들이 있었어요. 그래서 이 작품을 쓰게 된 거에요.

여러분이 사는 동네에도 가난한 사람이 있지요? 현진건 선생님은 불쌍하고 가난한 인력거꾼을 주인공으로 글을 썼죠. 여러분이 현진건 선생이라면 누구를 주인공으로 삼을까요? 우선 여러분 동네의 불쌍하고 가난한 사람들에 대해 이야기해 봐요. (청소년 토론)

자, 그러면 모임마다 토론 내용을 발표해 볼까요?

청소년 저는 가회동에 살아요. 저희가 불쌍하게 생각하는 사람들은 비정규직인 아르바이트들과 노숙자, 시장 할머니들입니다.

청소년 저는 인천에서 왔습니다. 아파트에서 청소하시는 청소부, 독거노인과 외국인 노동자, 노숙자 아저씨들과 고시텔에 사는 사람, 용산 철거민들에 대해 이야기해 봤습니다.

청소년 저는 일산에서 왔고요. 아파트에서 청소하시는 할머니랑 거리에서 채소나 떡볶이 파시는 분들, 어려운 환경에서 열심히 공부하는 친구들 이야기가 나왔어요.

청소년 저는 신영동에 살고요. 지하철역의 노숙자분들과 아파트 청소 아주머니들, 학원 끝나고 다른 아이들이 뭘 먹을 때 돈이 없어서 못 먹고 지켜보는 아이들 이야기가 나왔습니다.

청소년 저는 홍파동에서 살아요. 저희 모임에서는 택시 운전사와 거리에서 김밥이나 사이다를 파시는 할머니, 박스를 모아 파시는 할아버지 이야기가 나왔습니다.

이 중에서 소설의 주인공으로 한 명을 택한다면 누구로 할지 정하고 이유를 설명해 봅시다. (청소년 토론)

청소년 저는 아파트에서 청소하시는 할머니를 주인공으로 선택했습니다. 엘리베이터를 타면 자주 마주치는데 힘든 일을 하시는 모습에 죄송한 마음이 듭니다. 할머니면 편안하게 지내셔야 할 텐데 일하셔야 하는 이유가 있다는 게 안타깝고 청소하는 일이 쉬운 일도 아니어서 인상에 남습니다.

청소년 저는 박스를 모아 파시는 할아버지를 주인공으로 삼을 겁니다. 그 할아버지는 나이도 많으시고 일을 해도 수입이 적어서 주인공으로 하고 싶습니다.

나이가 많은데 일을 하니까 좀 슬픈 느낌이 들죠? 또 일을 해도 돈을 많이 못 버시고 하니 주인공으로 삼을 만합니다. 자, 그럼 이제 여러분이 그분들을 주인공으로 소설을 썼어요. 그 소설이 엄청나게 팔려 베스트셀러가 되었고, 서울시장도 읽었어요. 시장이 읽고 감동을 받아 생각을 하는 거죠. '아, 우리 시민이 나를 뽑아 주었는데 이렇게 불쌍한 사람들이 있었구나. 시장으로서 어떤 일을 해야 이런 분들의 사정이 좀 더 나아질까?' 하고 생각하겠죠? 여러분이 시장이라면 어떻게 해야 그분들의 삶이 나아질지 정책에 대해 회의를 해 보세요. 그리고 그 정책을 펼치려면 돈이 필요하니 세금이 오르겠죠? 그것에 반발하는 주민들을 어떻게 설득할지도 함께 생각해 봅시다. (청소년 토론)

청소년 시에서 폐지 줍는 할아버지에게 약간의 생활비를 마련해 줍니다.

　노인들이 쉴 수 있는 쉼터를 만들어요. 밥도 공짜로 주고 즐겁고 편안하게 쉴 수 있는 시설도 만듭니다.

　식품 가격을 낮춰요.

　자, 방금 나온 얘기처럼 여러분이 시장이 돼서 가난한 할아버지들에게 매달 30만 원씩 생계 보조금을 지원하기로 했어요. 사람들이 '아! 우리 시장이 그런 생각을 하다니, 역시 멋져!' 하면서 찬성했어요. 그런데 한 달 후 세금 고지서를 보니 그 돈 때문에 세금이 20만 원이나 올라가 있는 거예요. 그때부터 주민 일부는 마음이 불편해져서 '다음 선거 날짜가 언제지?' 하고 생각하게 되지요.

　학교에서 학급마다 급식비 못 내는 친구들이 네다섯 명 있거든요. 그 친구들을 돕자고 할 때는 찬성했지만, 막상 돈을 내려니 마음이 불편한 친구가 있어요. 그 친구는 쪽지로 "선생님, 내고 싶은 사람만 내면 안 될까요?"라고 했고 선생님이 "이런, 인정머리 없는 녀석. 다 같이 도와야지!"라고 답을 했어요. 그러자 그 학생이 교장 선생님께 "우리 반은 담임선생님이 강제로 돈을 걷는다"고 편지를 보냈어요.

　담임이 교장 선생님에게 차근차근 설명을 하자 교장 선생님이 "그거 좋은 생각이니 계속하세요"라고 했는데 그 학생은 굴하지 않고 교육청 홈페이지에 "우리 학교는 강제로 돈을 걷는다"고 올렸어요. 교장 선생님이 너무 골치가 아파서 도대체 이 문제를 어떻게 해결해야 하나 고민하게 됐지요. 남을 돕자고 이야기하기는 쉬운데, 내가 가진 것을 내주는 건 어렵습니다. 이를 어떻게 설득할지에 생각해 보고 정리하면 좋겠습니다.

청소년 양보해야 하는 사람들 즉, 세금을 많이 내야 하는 부자들에게 반 협박조로 이야기하는 거예요. 이 사람들을 도와주지 않으면 당신에게도 불이익이 찾아올 수 있다고 말이에요. 그래도 안 내면 재산을 압수하고 불이익을 주겠다고 강력하게 나가요.

송승훈 그렇게 한 곳이 유럽 쪽이에요. 우리나라가 세금을 얼마나 걷는지 알아요? 소득의 24퍼센트 정도를 세금으로 내는데, 돈을 많이 벌수록 세금이 높아지는 누진세가 적용돼요. 유럽 쪽 나라들은 40퍼센트 정도를 세금으로 내요. 100만 원 벌면 40만 원 정도를 세금으로 내고, 국가는 그 돈을 여러 가지 복지에 쓰는 거죠. 예를 들어 프랑스는 학교랑 병원이 공짜예요. 우리나라도 공짜인 것이 있죠. 보건소와 초등학교가 공짜잖아요. 유럽 쪽은 대학까지 공짜예요. 그러면 대학교수는 월급을 안 받을까요? 세금으로 월급을 받는 거예요.

청소년 대기업한테 돈을 많이 내라고 하고, 대신 세금을 깎아 주는 식으로 특혜를 주는 거예요.

송승훈 우리나라는 기업에서 불우 이웃 돕기 성금 같은 기부를 하면 세금을 깎아 주는데, 좋은 방법이지요. 가끔 기업들이 악용하기도 해요.

청소년 돈 많은 사람들한테 세금을 많이 걷어요. 그리고 세금의 사용 내역을 전부 공개하는 거예요. 세금을 쓸데없이 낭비하지 않고 잘 사용한다는 것을 알게 된다면 사람들의 호응이 높아지고 그러면 부자들도 자발적으로 세금을 내지 않을까요? 그리고 교육을 해야 해요. 학교와 지역에서 지속적으로 세금을 내면 어떤 이익이 있는지를 알게 합니다.

송승훈 실제로 그렇게 하는 나라가 있습니다. 핀란드 같은 나라는 세금이 소득의 50%고 대신 병원과 대학까지 공짜예요. 직장에 취업할 때까지 용돈도 대줘요. 결혼하면 임시 주택을 줘요. 수입에 비례해서 세금을 내고 혜택은 골고루 돌아가게 만든 겁니다. 그리고 시민에게 세금 사용 내역을 인터넷에 공개해요.

청소년 어르신들 일자리를 만들어요. 그러면 회사도 이익이 되고 어르신들은 돈을 벌 수 있잖아요.

송승훈 일본이 그래요. 고속도로 요금 받는 일을 우리나라는 중년
층이 하지만 일본에서는 어르신들이 주로 합니다. 이 밖에
도 엘리베이터에서 안내하는 일을 어르신들이 해요.

1930년대 소설에 나타난 변화
-「홍염」,「질소비료공장」

문학 작품을 읽을 때 중요한 것은 그 내용을 우리 주변의 현실과
상황에 적용해 생각해 보는 일이에요. 그래야 문학 작품을 읽은 보
람, 책을 읽은 효과가 있어요.

최서해의 「홍염」이라는 작품이 있습니다. 그 내용은 다음과 같아
요. 일제의 침탈을 피해 만주로 간 조선 사람들이 거기서 중국인의
땅을 빌려 농사를 지었어요. 그런데 농사가 잘 안 되어 지대地代를
내지 못하자 어린 딸을 첩으로 뺏겨요. 엄마와 아버지가 딸을 만나
고 싶어 하지만 중국인 지주 집에서 딸을 못 만나게 해서 엄마가 억
울해서 실성을 해요. 화가 난 아버지가 중국인 집에 가서 불을 지르
고 주인이 나오자 도끼로 이마를 찍고 딸과 만나서 부둥켜안고 우
는 장면으로 끝나요.

최서해는 이 소설을 통해 세상 사람들에게 어떤 마음을 전하고 싶었을까요? 그런 사람들의 비참한 상황을 알리고 싶은 것이 첫 번째예요. 그다음은 나쁜 짓을 하면 벌 받는다라고, 제도 개선을 통해 불평등을 해결해야 한다는 이야기를 하고 싶어서 썼을 거예요. 문제집과 문학 교과서에 모두 나와요. 이 소설이 나온 지 80년이 넘었는데 왜 여전히 학교에서 자주 소개될까요?

지금도 배울 점이 있기 때문이에요.

1920년대 소설인 「운수 좋은 날」의 김 첨지는 그냥 울었고, 「홍염」의 아버지는 "너 죽고 나 죽자"라는 방식으로 문제를 풀었죠. 그러다 1930년대 중반 소설에서는 노동자나 농민이 뭉쳐서 조합을 만들어서 지주나 지역 관청에 대결하는, '조직화'된 모습이 나타나게 됩니다. 이북명이 쓴 소설 「질소비료공장」에서는 노동자들이 뭉쳐서 파업하는 장면이 나와요.

노동조합은 회사와의 대화가 결렬되자, 단체로 일을 안 하는 것으로 의사를 표현해요. '단체로 일 안 할 권리'가 바로 '단체 행동권'이에요, 단체로 뭉쳐 협상할 권리인 '단체 교섭권', 뭉칠 수 있는 권리인 '단결권' 등 노동 3권이 1930년대부터 이야기돼요.

이북명은 북한에서 활동하던 작가예요. 1989년 이후 금서에서 풀려서 우리 사회에서 읽을 수 있는 작품이 됐어요.

노동 문학의 새로운 등장 – 「노동의 새벽」

현대로 가까워지면 박노해라는 시인이 등장합니다. 「노동의 새벽」으로 널리 알려졌지요.

노동의 새벽 박노해

전쟁 같은 밤일을 마치고 난
새벽 쓰린 가슴 위로
차가운 소주를 붓는다
아
이러다간 오래 못 가지
이러다간 끝내 못 가지

설은 세 그릇 짬밥으로
기름투성이 체력전을
전력을 다 짜내어 바둥치는
이 전쟁 같은 노동일을
오래 못 가도
끝내 못 가도

어쩔 수 없지

탈출할 수만 있다면,

진이 빠져, 허깨비 같은

스물아홉의 내 운명을 날아 빠질 수만 있다면

아 그러나

어쩔 수 없지 어쩔 수 없지

죽음이 아니라면 어쩔 수 없지

이 질긴 목숨을,

가난의 멍에를,

이 운명을 어쩔 수 없지

늘어처진 육신에

또다시 다가올 내일의 노동을 위하여

새벽 쓰린 가슴 위로

차가운 소주를 붓는다

소주보다 독한 깡다구를 오기를

분노와 슬픔을 붓는다

어쩔 수 없는 이 절망의 벽을

기어코 깨뜨려 솟구칠

거치른 땀방울, 피눈물 속에

새근새근 숨쉬며 자라는

우리들의 사랑

우리들의 분노

우리들의 희망과 단결을 위해

새벽 쓰린 가슴 위로

차거운 소주잔을

돌리며 돌리며 붓는다

노동자의 햇새벽이

솟아오를 때까지

− 『노동의 새벽』(글 박노해, 느린걸음 펴냄) 중에서

'아, 이러다간 오래 못 가지. 이러다간 끝내 못 가지' 라는 건 무슨 뜻일까요? 오래 못 산다는 이야기예요.

밤늦은 시간까지 야근을 해요. 그러면 인생이 억울해서 술 생각이 나는 거지요. 학원 선생님들은 해가 지면 그때부터 일을 시작해서 달이 하얗게 뜨면 일이 끝나요. 늦게 끝나면 빨리 집에 가야 하는데 술을 마셔요. 나도 해가 있을 때 집에 오면 농사도 짓고 책을

읽는데, 야간 자율 학습 감독을 하고 늦게 퇴근하면 술을 마셔요. 3
월에는 담임교사들이 한 달 내내 바쁘고 '야자(야간 자습)'를 해요.
남들 다 퇴근한 뒤에 돌아가면 '난 이게 뭐야?' 라는 생각이 들어요.

그러면 억울한 생각이 들어서 술을 마시게 돼요. 선생님들이 '야
자' 감독하고 나서 술을 마시면 다음날 술이 안 깨서 맹하거든요.
맹하면 주입식 수업을 많이 하게 돼요.

제가 1997년 처음 교사가 됐을 때 특별반 아이들을 모아서 12월
31일 날 새벽 두 시까지 '야자' 감독을 한 게 아직도 상처처럼 기억
에 남아 있어요. 12시가 되자 아이들이 어디서 초를 사 와서 "선생
님 연말인데 촛불을 켤까요?" 하는데 막 화가 나더라고요. 두 시에
'야자' 끝내고 집에 오는데 맥주를 사 와서 혼자 마셨어요. (웃음)

박노해의 「아름다운 고백」이라는 시를 노래로 만든 게 있어요.
가사는 이렇습니다.

고백 박노해 작시 • 고승하 작곡

사람들은 날더러 신세 조졌다 한다
동료들은 날 보고 걱정된다고 한다
사람들아 사람들아 나는 신세 조진 것 없네
노동자가 언제는 별 볼 일 있었나

찍혀 봤자 별 볼 일 없네

친구들아 너무 걱정 말라

이렇게 열심히 살아가지 않는가

노동 운동 하고 나서부터

참 삶이 무엇인지 알았네

– 『노동의 새벽』「아름다운 고백」중에서

처음엔 학교에서 이런 노래를 불렀더니 아이들이 이상하다고 생
각하더라고요. 요즘은 박노해 시인의 작품이 고등학교 교과서에 나
와요. 당시 박노해 시인이 노동조합 활동을 했어요. 남들 야근하는
데 아홉 시쯤 가겠다고 하면 "너 아예 영영 가라." 이렇게 이야기한
다는 거예요. 1980년대 분위기는 그랬어요. 노동자의 권리가 잘 지
켜지지 못했지요.

시대별로 본 노동 문학

1960년대에 나온 소설 가운데 노동자의 생활이 잘 드러난 게 있
어요. 바로 김정한 선생의 작품들입니다. 여러분이 공부하는 문제집

에도 부산 변두리 섬에 사는 소년 이야기를 다룬 「모래톱 이야기」가 나오지요. 소설에 나오는 건우라는 소년이 쓴 글에 보면, 섬 주민들이 열심히 땀 흘려 일하지만 제대로 잘 살지 못한다며 그 당시 사회를 비판하고 있지요. 또 다른 작품인 「인간단지」에는 한센병에 걸린 사람들이 국가 예산을 떼먹는 복지 시설 원장에 저항하며 자신들의 공동체를 이루려는 사건이 긴박감 있게 펼쳐집니다. 여러분이 한번 읽어 보면 좋겠습니다. 그 상황에서 자신이라면 어떻게 할까 하고 물으면, 만만치 않은 고민을 할 수 있습니다.

김정한 선생이 쓴 소설에 나오는 인물들은 한결같이 답답한 현실을 이겨 내지 못하고 패배하고 마는 이야기라 가슴이 아픕니다. 그러나 이상하게 힘이 느껴지는데, 그것은 애써 정의를 이루려는 사람들에게서 인간의 존엄함이 전해지기 때문이지요.

1970년대 초반 노동 문학의 대표작은 여러분이 잘 아는 황석영 선생이 쓴 『객지』입니다. 이 책을 보면, 열심히 일하고도 제대로 대우받지 못해서 저항하는 노동자의 모습을 생생하게 만날 수 있어요. 회사는 노동자들을 함부로 대합니다. 불만을 제기하는 사람을 때리기도 하지요. 높은 사람들이 회사에 찾아온다고 하자, 실제 문제는 해결하지 않은 채 그 순간에만 잘해 주려고 해요. 이 소설에는 잘못된 현실에 저항하는 사람과 그냥 체념하고 사는 사람, 눈치 보며 움직이는 사람이 각각 나오는데, 저항하는 노동자에게서 힘이 느껴진다는 점이 인상적이에요. 여러분이 『객지』를 읽는다면, 그런 상황에서 어떻게 나아질 수 있었을까를 생각해 보면 좋겠습니다.

교과서에서 배워서 잘 아는 조세희 선생이 쓴 『난장이가 쏘아 올린 작은 공』 역시 1970년대 상황을 다룬 소설이에요. 소설에서 나오는 인물은 처음에, 열심히 일해서 집안을 살리려고 해요. 그런데 공장에서 열심히 일해도 삶이 별로 나아지지 않아요. 그러다가 노동조합을 만듭니다. 노동자들이 함께 모여 책 읽고 공부하면서 일한 대가를 제대로 받자고 나서요. 그러다가 사장이 동원한 폭력배들에게 끌려가서 맞고 말지요. 개인적으로 열심히 노력해도 안 되고, 법에 보장된 노조를 만들어서 잘 살아 보려고 해도 안 돼요. 그러자 이 사람은 결국 사장을 찾아가 칼로 찔러 버리려고 해요.

소설 내용이 전반적으로 답답하고 희망이 잘 보이지 않아요. 그 분위기가 1980년대 중, 후반까지 쭉 갔다고 보면 됩니다. 그래서 읽고 나면 마음이 아프고 양심의 가책을 느끼게 되지요.

1987년 6월 민주 항쟁 이후 노동자들이 대규모로 들고 일어나 저항을 했어요. 그때서야 법에 정해진 노동조합을 제대로 운영할 수 있었지요. 그 뒤로 우리 사회의 노동자들은 노동 3권을 그나마 보장받았다고 보면 돼요. 그래서 1980년대 후반 이후에는 아주 비참한 소설은 나오지 않았어요.

문학 작품 속에 나타난 노동을 쉽게 이해하고 싶으면 서정홍 시

인이 쓴 「58년 개띠」를 읽어 보세요. 전태일 문학상을 받은 시인이
에요. 처음 교사가 되었을 때 학교에서 「섬진강」으로 유명한 김용
택 시인이 쓴 시를 읽어 줬는데 "에이, 뭐예요?"라는 반응이 상당
수였어요. 「사평역에서」로 유명한 곽재구 시인의 시도 별로 반응이
없었지요. 그다음에 정호승 시인이 지은 「슬픔이 기쁨에게」를 읽어
줬더니 그때는 반응이 조금 나오고요. 그때 가장 인기 많았던 시가
서정홍 시인의 「58년 개띠」였어요.

제가 그 시를 학생들에게 소개하고서 나서 쉬는 시간에 보니까
한 학생이 책상에 엎드려서 옆 친구에게 읽어 주고 있어요. 그래서
진짜 좋긴 좋은가 보다 했지요. 「58년 개띠」에는 노동하며 사는 사
람의 인생 이야기가 담담하게 실려 있어서, 쉽게 공감할 만해요. 아
이들과 같이 공부하면서 아이들이 좋아하는 시의 세계가 따로 있다
는 것을 알았어요.

김한수가 쓴 소설 『봄비 내리는 날』은 무능력하고, 어머니에게
폭력을 행사하는 아버지에 대한 이야기예요. 어머니에게 폭력을 행
사하는 아버지에게 어느 날 다 큰 아들이 아버지 손목을 딱 잡고 욕
을 해 버려요. 아들이 아버지를 싫어하는 이유는 가난하거나 무능
력했기 때문이 아니에요. 가난해도 오순도순 살 수 있는데 가난하
다고 해서 무너지는 모습이 싫은 거예요.

아버지는 그날 이후 가출을 했고 아들이 가장이 되어 집안을 이

끌어요. 이 아들은 열심히 집안을 살려 보려고 애쓰는데 잘 안 돼
요. 그러다 어느 날 여동생한테 “너 교복이 그게 뭐야? 치마가 너무
짧잖아”라고 잔소리를 하는데 여동생이 “오빠도 아빠랑 똑같아!”
라고 소리를 지르죠. 그때서야 아들은 아버지의 마음을 이해하고
쓸쓸해한다는 줄거리인데, 그 책을 제가 대학교 다닐 때 같이 공부
하는 사람들이 읽고서는 별로 감동을 느끼지 못했고 오히려 깔깔거
리며 재미있어 했어요. 왜냐하면 대학생인 우리에게 아버지의 가정
폭력은 대부분 이미 끝나 있었기 때문이죠.

남자가 고등학생 정도가 되어 아버지의 손목을 잡아 힘으로 주저
앉히면 대개 가정 폭력이 끝나요. 그런 이야기를 터놓고 이야기하
기는 힘들지만 작품을 읽으면서 풀어 버릴 수 있는 거죠. 아이들에
게 그 책을 읽혔을 때 반응은 폭발적이었어요. 당시 내가 있던 학교
에는 책 속 주인공과 처지가 비슷한 아이들이 많이 있었어요. ‘아,
우리 집뿐 아니라 다른 친구도 그런 경험을 했구나.’ ‘드러내 놓고
이야기는 못 하지만 비슷한 처지에 있는 친구들이 있구나.’ 하고 생
각한 거죠.

하급생들에게 인사를 90도로 받고 다니는 준범이라는 학생이 있
었어요. 준범이는 염색을 하도 많이 해서 머리가 빨갛게 변하다가
빠지기 시작해 30% 정도 머리가 빠졌어요. 중학생 아이들이 내게
는 고개만 까딱하며 인사하는데 준범이한테는 90도로 허리를 굽혀

인사를 해요. 그런데 어느 날 아이들이 내게 와서 "선생님, 선생님, 글쎄 준범이가 책을 다 읽어요"라고 말했어요. 어느 날 서울 가는 707번 버스에서 우연히 준범이를 만났어요. 준범이가 나에게 "선생님, 뒷이야기가 궁금해서 버스 안에서 책을 펴서 읽기는 처음이에요"라고 말했어요.

학교에서 이상하게 튀는 친구들이 있어요. 그런 친구들은 이야기할 수 없는 어려움을 겪는 경우가 많아요. 그런 친구들을 이해하려면 이 책을 읽으면 돼요.

김한수가 쓴 「양철 지붕 위에 사는 새」를 보면 아버지와 어머니가 늦게까지 일하느라 아이들을 못 챙겨 줘서 딸이 '날라리'가 되는 이야기가 나와요. 그런데 이런 흔한 이야기도 시나 소설로 보면 문득 어떤 느낌이 들어요. 평소에는 그냥 흘려보내던 일을 다시 보게 하는 게 문학의 힘입니다.

여성들 이야기를 주로 다룬 공선옥 선생의 소설도 추천합니다. 중학생이 읽기는 어렵겠지만 고등학생이라면 읽어 볼 만하지요. 어렵게 일하는 중년 여성분들이 어떻게 사는지에 대해 생각할 수 있어요. 예컨대 「명랑한 밤길」을 읽으면 아마도 여러분은 '어쩌라는 건가?' 싶을 거예요. 난감하게 사는 사람의 상황을 보여 준 채 작가가 결말을 내리지 않고 끝나거든요. 독자가 생각하며 결말을 만들어 가야 해요.

1990년대를 넘어서면서 오늘날 모습이 다루어져요. 요즘 큰 문제가 취업이죠. 제 동생이 대학을 졸업하고 몇 군데 원서를 넣었지만 계속 쓴맛을 보다가 어느 회사에 들어갔지요. 처음에는 너무 감사하면서 다니더라고요. 그런데 1년쯤 지나니 고마운 마음은 사라지고, 매일 회사를 욕하면서도 그만두지 못하고 그냥 다녀요. (웃음)

취업을 못 하면 먹고살기 힘들어요. 세상이 무섭습니다. 그런데 취업을 해도 문제가 있어요. 우리 사회는 너무 오랫동안 일을 시켜요, 취업을 하면 힘들고, 그만두고 나오자니 살 일이 걱정되고 무서워요. 동생 회사는 사장도 이사도 밤 12시에 퇴근해요. 동생은 돈을 쓸 시간이 없어서 통장에 돈이 막 쌓여요. 매일 밤 퇴근하면서 치킨과 맥주를 사 와서 먹고 마시다 보니 30대인데 벌써 배가 나왔어요. 토요일은 보상 심리로 하루 종일 자고 일요일 하루는 나가서 우아하게 살아요. 그리고 월요일이 되면 회사 가기 싫어 죽겠다고 불평을 해요. 이게 10년쯤 후에 여러분 가운데 상당수가 겪게 될 일입니다.

시와 소설은 아니지만, 르포 작가들이 비정규직 노동자들과 인터뷰를 해서 쓴 『부서진 미래』와 〈한겨레21〉 기자들이 직업 체험을 하고 적은 『4천 원 인생』도 우리 시대의 노동 현실을 잘 보여 주는 책이지요. 『4천 원 인생』은 단기간의 체험을 관찰자의 시선으로 써서, 여러분이 읽으면 좀 무섭고 답답할지 몰라요. 일하는 사람 자신이 자기 이야기를 하면, 그렇게 현실에 질리도록 쓰지는 않았을 텐데 싶어서 조금 아쉬워요. 사람이 어떤 상황에서든 다 자기 사는 재미가 있기 마련이거든요. 하지만 대형 마트 판매 직원이나 식당 아주머니들의 노동에 대해서 문제 제기를 제대로 한 책인 건 분명하지요.

현재의 노동 상황을 더 낫게 만들려고 노력하는 분들의 이야기를 듣고 싶으면, 오도엽이 쓴 『밥과 장미』를 보기 바랍니다. 사는 게 힘들다고 이야기하는 데 그치지 않고 그 이상을 말하고 있어요.

좋은 돈과 좋은 노동

이번에는 여러분이 물어보고 내가 이런저런 대답을 해 주는 것이 좋겠어요. 그냥 듣기만 한 것은 빨리 잊어버리는데 자기가 질문을 하고 나서 답을 들은 것은 잘 기억하게 되지요. 지금부터 여러분이 물어봐 주세요.

청소년 책을 읽으면 사람이 달라지나요?

송승훈 내가 맡고 있는 도서반 학생들을 인권 영화제에 데리고 간 이야기를 할게요. 영화를 보고 나서 감상이 어떠했는지 발표했지요. 1학년들은 "인권 영화제여서 외국인 노동자가 나오는 줄 알았는데, 한국 사람이 나와서 깜짝 놀랐다"고 해요. 그런 다음에는 "한국 사람이 그렇게 차별받는 줄 몰랐다. 노동자가 되면 절대 안 되겠다. 노동자가 안 되려면 공부를 더 열심히 해야겠다"고 정리하지요. 그런데 2학년은 "우리 사회에는 어렵게 사는 사람이 많고 우리도 그렇게 될 수 있기 때문에 그들의 삶을 개선하기 위해 노력해야겠다"고 말해요. 1학년들은 어려운 현실을 혼자 피하자는 가치관이죠. 그런데 2학년들은 그 현실을 좋게 바꾸지 않으면 자기도 피해를 본다는 사실을 알아요. 1년 동안 책 읽고 이야기 나눈 차이가 나타나는 거죠.

청소년 직업에 얽매이지 않고 자유롭게 살아간다면 괜찮을까요? 나중에 후회하지 않을까요? 안정적으로 사는 것이 가능한가요?

송승훈 물질적으로 부유하게 살지 않으려고 마음만 먹으면 가능해요. 어느 정도 일하고 나머지 시간에 자유롭게 사는 것도 괜찮은 것 같아요. 안정적으로 산다는 것도 부자가 된다는 마음만 안 먹으면 괜찮아요. 아는 동생이 이번에 회사를 그만뒀어요. 정규직이었고 두바이에 출장도 다니고 했는데, 워

낙 일이 힘들었어요. 30대에 성인병 걸린다는 말이 무슨 소리인지 실감 난다고 말하곤 했지요. '이렇게 살다가는 내가 죽겠구나.' 하면서 회사를 그만둔 거지요. 얼마간 쉬다가 다시 일자리를 알아본다고 하네요. 어디에 얽매이지 않으려면, 밥 세끼 먹고 비싼 물건 사지 않고 살아갈 마음가짐이 되어 있어야 한다는 사실은 기억해야겠죠.

청소년 교과서에 노동자 이야기를 다룬 문학 작품이 나오나요?

송승훈 그럼요. 사람이 먹고사는 일은 문학의 중요한 부분이에요. 교육 과정에 '사회와 역사적 현실을 다룬 문학'이라고 해서 나와요. 「홍염」, 『난장이가 쏘아 올린 작은 공』 같은 작품들이 교과서에 나오지요. 노동은 인간이 먹고사는 문제잖아요. 삶의 중요한 부분이다 보니 늘 문학에서 다뤄질 수밖에 없어요.

청소년 선생님은 목소리가 좋으신데, 목소리가 좋은 이유는요?

송승훈 목소리가 좋아지려면 문장이 좋은 책을 소리 내어 읽는 연습을 해 보세요. 배우가 되려면 소설책이나 동화책을 소리 내서 읽어 보세요. 그러면 목소리가 잡혀요. 번역된 책이 아닌 우리나라 작가들의 책을 손에 들고 읽으세요. 한 달만 읽으면 목소리가 달라졌다는 소리를 들어요. 이게 비법이에요.

청소년 왜 교사가 되셨어요?

송승훈 고등학교를 불교 학교로 나왔어요. 불교 공부를 하면서 내가 열심히 하면 누군가가 실패해야 하는 상황이 불편하게 느껴졌어요. 그래서 내가 열심히 해도 남에게 피해를 주지 않는 직업을 찾아보았죠. 소방관, 경찰관, 교사, 우체부, 기차 운전사, 이런 직업들이 나오더군요. 나는 경찰관이 되고 싶었어요. 그런데 주변 사람들이 교사가 더 어울린다고 해서 교사가 됐어요. 교사가 된 뒤에 한 5년 동안은 경찰이 나오는 영화를 볼 때마다 직업을 바꿀까 갈등했어요. (웃음)

처음엔 영어 교사가 되고 싶었어요. 영어가 그냥 좋았어요. 게다가 고등학교 때 영어 선생님이 아주 인품이 뛰어나셨어요. 그런데 선생님께서 문제집을 계속 수업 시간에 푸셨어요. 한 권 끝내면, 또 다음 권, 그것을 끝내면 또 다른 문제집을 사서 하는 거예요. 그 모습을 보면서 저렇게 교사 생활을 하면 한 5년 정도 하다가 그만 하고 싶어지겠구나 했지요. 그런데 국어 선생님을 보니까 일이 참 쉬워 보였어요. 교과서 읽다가 인생 이야기도 하고, 세상 이야기를 하다가 시 한 편 소개하고, 창문에 턱 기대고 구름 한번 바라보고 하면 우리가 '아!' 하고 감탄하고 그랬지요. 그래서 쉬운 길을 택해서 국어 교육과에 갔는데 역시 잘 갔구나 싶더라고요.

시험 때, 수학 교육과 친구들은 엄청나게 어려운 수학 책을 들고 공부해요. 영어 교육과 친구들은 영어로 시험공부를 해요. 그런데 우리는 시집과 소설책과 비평을 읽고 있어요. 그러면 영어 교육과나 수학 교육과 친구들이 "야, 너 뭐 하는 거야? 시험공부 안 해." 해요. 우리는 소설책 읽는 게 공분데 말이에요. 영어과 학생들이 부러울 때도 있는데, 외국 영화를 볼 때예요. 자막 없이도 볼 수 있겠구나 싶었어요. 그래서 물어봤더니 의외로 그렇지 않더라고요. 영어 선생님이 되고도 엄청 스트레스받으면서 열심히 공부를 하더라고요.

청소년 선생님과 노동은 어떤 관계가 있나요?

송승훈 제가 하는 일 즉, 가르치는 일이 노동이에요. 아이들을 가르치면 월급을 줘요. 노력에 대한 정당한 대가를 받으면 기분이 좋죠. 박재동 화백이라는 유명한 화가께서 이런 말을 했어요. 그분이 고등학교 2학년 때, 자기가 그린 그림을 한 친구가 500원인가 주고 사 줬는데 그때 굉장히 뿌듯했대요. 노동을 한 다음 대가를 받는 것은 좋은 일이지요. 만일 일하지 않고 부자가 되고 싶다면 로또 복권을 살 거예요. 하지만 그런 바람 자체가 조금은 부끄러운 일이잖아요.

제가 학생들에게 노동에 관련된 이야기를 많이 하는 것은 제가 가르치는 학생 대부분이 노동자가 되기 때문이에요. 교사가 좋은 노동자의 모범을 보이는 것이 중요해요. '좋은 돈'과 '좋은 노동'이란 무엇인가에 대해 몸으로 보여 줘야 해요. 20대 80 사회에서 80%에 속하는 학생들이 가난해도 행복하게, 자기가 원하는 일을 하면서 떳떳하고 당당하게 살아갈 수 있기를 원해요.

청소년 강연을 하신 다른 선생님들에 비해 노동에 대해 직접적으로 가르쳐 준 것이 없는 것 같아요.

송승훈 사실 여러분이 토론하는 내용을 들으면서 하고 싶은 이야기가 많았는데, 중간에 끼어들면 생각이 닫힐까 봐 자제했어요. 예를 들면 아버지가 늦게 들어오셔서 불만이 있는 친구에게 해 주고 싶은 이야기가 있었는데 말하지 않았지요. 여러분이 하루하루 주변의 삶과 현실을 가만히 바라보는 연습을 이 시간에 같이하고 싶었어요. 저는 여러분에게 노동이 다른 데 있지 않다고 말하고 싶어요. 집에서 부모님들이 어떻게 돈을 벌어서 가족을 먹여 살리는지 잘 살펴보면 거기에 노동이 있어요.

부모님에게 불만이 많은 경우도 있는데, 잘 살펴보면 그건 개인의 문제가 아니라 사회 전체의 구조 문제에서 비롯된 것도 많아요. 아버지가 매일 밤 11시, 12시에 들어와서 불만이라고 할 때 아버지도 어쩔 수 없는 경우가 많다는 말이에요. 지금이야 주5일 근무 제도가 자리 잡았지만, 그전에 개인적으로 토요일에 일하기 싫다고 회사에 안 가면 어떻게 되었을까요? 회사에서 아버지를 실업자로 만들었겠지요. 노무현 정부 때 국가가 나서서 관청 공무원들부터 토·일요일에 일을 안 하게 하면서 주5일제가 실행됐어요. 개인에게 책임을 돌릴 일이 있고, 사회를 바꾸는 데 노력을 기울여야 할 일이 있다는 말이지요.

그럼, 여기까지로 제 강의를 마치겠습니다. 오늘 이렇게 만나 나눈 이야기와 표정들이 우리들의 기억에 남아서 생각 거리가 되기를 바랍니다. 생각의 씨앗으로 남아 열매를 잘 맺으면 우리의 만남이 보람 있지 않을까 싶군요. 고맙습니다.

일의 종류는 수도 없이 많건만, 세상에는 힘들고 무시받는 일을 하는 사람들이 많습니다. 힘든 사람들은 몸도 마음도 기댈 곳이 없습니다. 그 문제부터 풀어 드려야 그분들이 다시 일어설 수 있겠지요. 저는 우리 동네 박스 줍는 할아버지, 아주머니께 인사를 하고 다닙니다. 이 지역에선 동네 사람이 곧 아는 사람이니까요. 세상에서는 하찮다고 혀를 차는 일이지만, 그분들의 웃음은 정말 아름답기 그지 없습니다. 이웃의 정이 있고, 몸을 기댈 곳이 있기 때문이지요. 물론 좀 더 좋은 복지를 누리실 수 있다면 더욱 좋지요. 일에는 정이 필요하다고 생각합니다. 살벌해지는 사회를 보고 있자면 인간의 세상인지 수치에 휘둘리는 세상인지 헷갈립니다. – 풀나무

우리가 우리 스스로 돕고 우리 스스로 사랑해야 한다. 반드시 큰일을 할 필요는 없다. 아주 작고 사소한 일이라도 그것이 누군가에게는 큰 행복이 되고, 큰 사랑을 받는 일일지 모른다. 이처럼, 우리가 함께 돕고 사랑하면 좀 더 밝은 사회, 좀 더 아름다운 세상을 만들 수 있지 않을까 싶다. – 밝은햇살

선생님 강의에서 가장 기억에 남는 부분은 가난하지만 행복하게 살아가는 법이었다. 나는 가난하지만 행복하게 살고 싶기 때문에 선생님께서 그 말씀을 하실 때 좀 두근거렸다. 혹시 우리들의 생각까지 읽은 것이 아닐까 해서. 선생님의 말씀처럼 책을 많이 읽어야겠다. 문제집에서 배울 수 없는 것을 배우기 위해서!!! – 구름빵

인권의 시선으로 바라본 청소년 노동

배경내 | 인권 활동가

일을 하든 하지 않든 청소년들의 사회적 지위를 높이고
자기 권리를 정확히 아는 게 중요합니다.
또 일을 하는 청소년들은 일터에서 보장받아야 할
권리에 대해 좀 더 구체적으로 알아야 하겠지요.

선생님은 1998년 인권 단체인 '인권운동사랑방' 활동을 시작하면서 인권 운동에 뛰어들었습니다. 선생님은 인권 운동을 하면서 그동안의 무기력과 자책감에서 벗어날 수 있었다고 합니다. 현재 인권 교육 센터 '들'에서 활동하고 있으며, 청소년이 온전한 사람으로 대접받는 세상이 올 때까지 인권 교육에 매진하겠다는 포부를 갖고 있습니다.

인권의 시선으로 바라본 청소년 노동

안녕하세요. 반갑습니다. 배경내입니다. 제 이름을 처음 들었을 때 남자라고 짐작하셨죠? 아무 생각 없었어요? (웃음) 제가 주로 일하는 곳은 인권 교육 센터 '들'이라는 단체고요. 청소년 노동인권 네트워크라는 단체도 꾸리고 있어요. 이 단체는 청소년들의 노동 실태를 조사하고 "청소년도 노동자다"라고 말하는 단체예요.

청소년에게 노동은 뭘까?

청소년 인권 문제에 관심이 많다 보니 청소년들이 일터에서 어떻게 일을 하고 있는지에 대해서도 관심을 가지게 됐어요. 청소년 노동 문제가 왜 중요한지에 대해 여러분과 이야기를 나눠 보도록 할게요. 다음 보기의 단어들을 살펴보시고, "청소년에게 노동은 ○○○다"라고 할 때 ○○○에 들어갈 말 중 자기의 마음을 붙잡는 단어를 말해 보세요.

보기

가볍다. 막막하다. 신선하다. 주눅들다. 강하다. 무겁다. 안쓰럽다. 지긋지긋하다. 고맙다. 밝다. 어둡다. 짧다. 기쁘다. 뻔하다. 억세다. 차갑다. 다양하다. 부끄럽다. 외롭다. 축축하다. 든든하다. 불안하다. 우울하다. 해묵다. 따뜻하다. 불편하다. 위태롭다. 허술하다. 뜨겁다. 뻔뻔하다. 유쾌하다. 힘겹다.

청소년　청소년에게 노동은 '기쁘다.' 왜냐하면 새로운 경험을 할 수 있는 기회가 되니까.

배경내　그러게요. 그런데 기쁜 노동의 경험을 가진 청소년은 얼마나 될까요?

청소년　청소년에게 노동은 '뻔하다.' 왜냐하면 선물이나 갖고 싶은 물건을 사려고 일을 하기 때문에. 목적이 돈을 벌기 위해서니까.

배경내　그렇군요. 그럼 어른들이 하는 노동의 목적은 청소년들과 다를까요?

청소년　청소년에게 노동은 '지긋지긋하다.' 왜냐하면 돈을 내고 학교에 다니지만, 그것도 지겨운 노동이기 때문이다.

배경내 그러게요. 청소년이 공부하는 건 사회에 기여하는 일인데 왜 돈을 내야 할까요? 오히려 돈을 받고 다녀야 하는 건 아닐까요?

청소년 청소년에게 노동은 '힘겹다.' 힘들게 일해도 별로 돈을 벌지 못하니까.

배경내 맞아요. 청소년들이 일주일에 나흘 정도, 매일 오후 6시부터 11시까지 5시간씩 일을 한다고 치면 한 달이면 80시간 넘게 일을 하지요. 그런데 꼴랑 2, 30만 원 정도 버는 게 전부지요. 청소년의 노동은 왜 값싸게 취급받을까요?

청소년 청소년에게 노동은 '막막하다.' 왜냐하면 뭘 해야 할지 잘 모르기 때문이다.

배경내 그렇죠. 청소년들에게 열려 있는 일자리가 많지 않지요. 그래서 청소년들은 지금의 일자리가 마음에 들지 않아도 다음 일자리 찾기가 막막하니까 그냥 참고 일하는 경우가 많아요.

청소년 청소년에게 노동은 '고맙다.' 왜냐하면 일할 기회를 줘서.

배경내 그렇죠. 청소년들이 일할 기회를 갖기 힘든 만큼, 기회를 가진 청소년은 고맙다는 마음을 가지겠죠. 자, 그럼 미처 표현하지는 못했지만 여러분의 마음을 붙잡은 단어가 있기는 할 거예요. 왜 그 단어에 내 마음이 붙잡혔을지 차근차근 짚어 보도록 하지요. 여러분이 아르바이트를 한다면, 제일 일하고 싶은 곳은 어디인가요?

청소년 편의점이요. 편하게 보여요. 그런데 밤에 일하는 것이 걸려요.

배경내 밤에 일하면 어떤 점이 나쁠까요?"

청소년 생체 리듬이 불규칙해져요. 그리고 술 취한 손님 때문에 걱정이 돼요.

배경내 맞아요. 편의점 일이 생각보다는 힘든 일이에요. 편의점 말고 생각해 본 곳은 없어요?

청소년 경비실이요.

배경내 왜요?

청소년 그냥 앉아 있으면 되고, 오고 가는 사람들 보기만 하면 되잖아요.

배경내 얼핏 보기엔 쉬워 보일지 몰라도 경비 일도 여러분이 짐작하는 것보다 고단하고 위험한 일이에요. 그런데 사람들이 청소년에게 경비 일을 맡겨 안전을 부탁하는 경우가 있을까요?

청소년 아니요.

배경내 왜 부탁하지 않을까요?

청소년 청소년이라 믿을 수 없으니까요,

배경내 그래요. 청소년을 보호의 대상으로 보지 자기들을 보호해

주는 사람으로는 상상할 수 없기 때문에 경비 일을 부탁하
는 일은 거의 없을 것 같네요. 그런데 어른들은 왜 일을 할
까요?

청소년 먹고살려고요.

배경내 청소년들은 왜 일을 하려고 할까요?"

청소년 사고 싶은 것을 사려고요.

배경내 먹고사는 것과 사고 싶은 것을 사는 것은 정말 다른 일일까
요? 왜 우리는 어른들의 일은 생계 노동이라고 생각하고, 청
소년들의 일은 용돈 벌이라고 구분 지을까요? 그게 우리가
오늘 함께 풀어가 볼 질문입니다. 우선 정인이의 사례를 가
지고 이야기 나누어 봐요.

열여덟 살 정인이는 왜 일터에서
부당한 대우를 받을까?

18살 정인이는 집 근처 편의점에서 아르바이트를 시작했다.
사장은 최소 6개월을 일하는 것을 전제로 시급 3,500원을 주겠
다고 했다. 얼마 후 정인이는 인터넷을 통해 올해(2011년 기준)
법으로 정한 최저임금이 4,320원이라는 사실을 알게 됐다. 그래

서 용기를 내어 사장에게 시급을 올려 달라고 말해 보았지만 사장은 "싫으면 시급 많이 주는 데로 옮겨라"는 식으로 나 몰라라 했다.

어느 날 술 취한 손님이 집적거리기에 정인이는 손님을 밀치고 가게 밖으로 나갔다. 그런데 사장은 손님을 나무라기보다 "매상 떨어지면 네가 책임질 거냐?" 하면서 오히려 정인이를 나무랐다. 더 이상 참을 수 없어진 정인이는 일을 그만두기로 결심하고, 최저임금에 맞추어 그동안 일한 돈을 달라고 요구했다. 그러자 사장은 "가족처럼 대해 줬더니 어린 것이 돈만 밝힌다" 면서 6개월간 일하기로 한 약속을 지키지 않았고, 일할 때 5분, 10분씩 늦게 출근하는 바람에 자기가 피해를 입었으니 시급을 3,500원으로 쳐서 계산해 주는 것도 감지덕지로 생각하라고 말했다.

정인이가 여러분 친구라고 가정해 봅시다. 정인이가 여러분에게 도움을 요청해 왔습니다. 편의점 사장을 만나 못 받은 돈을 받아 내고 싶은데 같이 가 줄 수 있겠느냐고 말이에요. 여러분이 정인이와 함께 편의점 사장을 만난다면 어떤 이야기를 건네면 좋을까요? 주위 사람들이랑 의논해 본 다음, 이야기를 이어가도록 해 봅시다.

곧 있으면 편의점 사장님이 직접 이곳에 나오실 겁니다. 사장님이 등장하면 여러분이 사장님에게 하고 싶은 이야기를 꺼내 놓으시면 됩니다. 준비되셨나요? 제가 그럼 사장님을 불러오겠습니다. (강사가 사장님 역할로 다시 등장)

편의점 사장 야, 너희 뭐야? 왜 바쁜 사람 오라 가라야. 바빠 죽겠는데. 정인이 때문에 왔어? 뭐야 뭐, 얘기해 봐.

청소년 …….

편의점 사장 내가 정인이한테 돈을 안 주었다고 그러나 본데. 그래도 내가 다른 사람보다는 많이 준 거야. 걔가 말이야, 손님한테 함부로 대해서 말이야, 우린 서비스 업종인데 소문 나서 매상 떨어지면 책임질 거야? 이래서 청소년들 고용하면 안 된다니까. 부리기도 힘들고 불성실하고 말이야.

청소년 아저씨가 정인이 돈을 떼어먹었잖아요.

편의점 사장 뭐? 내가 돈을 떼어먹었다고? 내가 정인이한테 오히려 피해 보상을 받아야 하는데 그만큼 준 것만 해도 감지덕지해야 해.

청소년 학생이라는 거 생각 안 하세요?

편의점 사장 학생이라는 게 뭔데? 학생이면 더 약속을 잘 지키고 성실하게 일을 해야지. 사회를 물로 보면 안 되지. 돈 버는 게 쉬운 줄 알아? 밖에 나가서 하루 종일 땅을 판다고 돈이 나오는 줄 알아? 너희도 성실하게 일해, 성실하게.

청소년 술 취한 아저씨가 손 잡은 거 성추행 아닌가요?

편의점 사장 뭐, 성추행? 딸 같아서 예쁘다고 손 한번 잡은 것 가지고 뭘 그래? 거기다 우리는 서비스 업종이야. 웃으면서 '손님, 그러지 마십시오.' 그렇게 부드럽게 해결해야지 말이야. 그래야 매상이 안 떨어지지.

청소년 아저씨 딸한테 술 취한 아저씨가 손을 잡으면요?

편의점 사장 어, 우리 딸? 우리 딸은 이런 데 안 내보내지. 하여간 정인이가 그 돈이라도 받고 나간 거 고맙게 여기라고 해. 애들 함부로 쓰면 안 되겠더라고. 요즘 애들은 싸가지가 없어. 어른 공경할 줄 모르고.

청소년 애들이라고 무시하지 마세요.

편의점 사장 내가 뭘 무시했다고 그래. 요즘 같은 때 일자리 준 것만도 어딘데. 그래서 어쩔 거냐!

청소년 법대로 해야죠.

편의점 사장 뭘 법대로 해? 걔가 약속을 안 지킨 거야. 6개월 일하기로 해 놓고 기분 나쁜 일 한 번 생겼다고 꼴랑 그만두고 말이야. 기본적으로 불성실해. 5분, 10분씩 늦게 오고 말이야. CCTV에 늦게 온 거 다 찍혀 있어. 내가 손해 본 거라고.

청소년   최저임금이 4,320원인데 다 안 줬잖아요!

편의점 사장   정인이도 그 가격으로 일하겠다고 했어. 개인 대 개인이 약속했으면 그걸로 끝이지. 본인이 동의한 거 아냐? 안 하겠다고 했으면 딴 사람 뽑았지. 청소년 쓰는 이유가 뭐겠어? 그 값으로도 일하니까 쓰는 거지. 가게 운영하는 데 이것저것 생각할 게 얼마나 많은지 몰라. 법대로 하는 사람이 어디 있어? 누가 법 공부하고 편의점 하냐고.

청소년   청소년이 몰랐더라도 사회적 계약은 지켜야죠. 왜 어기셨어요? 법은 사회적 계약이잖아요!

편의점 사장   사회적 계약? 그게 뭔 말이래. 아, 너무 그렇게 몰아붙이지 마. 내가 정인이 일하는 거 보면서 차차 올려 주려고 했어. 그럼 나는 이만 바빠서 가 볼게.

(편의점 사장 퇴장하고 강사 재등장)

노동과 관련한 사회적 약속, 노동법

편의점 사장을 직접 만나 보셨는데 어땠나요? 여러분을 언제 봤다고 대뜸 반말부터 하고 좀 재수 없었죠? (웃음) 여러분이 사장한테 굉장히 중요한 질문들을 많이 던져 주셨는데, 어떤 이야기가 가장 기억에 남나요? "법대로 해야죠." "사회적 계약을 왜 어기셨어요?" "최저임금을 지키지 않았잖아요"라는 말은 제가 편의점 사장이라면 위축될 수 있는 이야기였을 것 같아요.

사회적 계약이라는 말은 굉장히 중요한 말이에요. 개인과 개인이 끄덕끄덕해서 계약을 맺었다고 끝은 아니지요. 양측이 동등한 힘을 가지지 못했기 때문에 계약이 불공정하게 이루어지는 경우가 많으니까요. 그래서 힘이 약한 사람에게 불공정한 계약이 이루어지지 않도록 하기 위해 정해진 사회적 기준이 있습니다. 그게 바로 아까 우리 청소년이 얘기해 줬던 '사회적 계약' 또는 '사회적 약속'이지요. 노동과 관련해서도 '사회적 약속'에 해당하는 노동 관련 법이 있습니다. 비록 청소년이 동의했다고 하더라도 이 '사회적 약속'을 어기고 불공평하게 맺은 계약은 무효다, 법은 '사회적 약속'이니 지켜야 한다는 걸 기억하는 것이 중요합니다.

그럼 나중에 올려 주려고 했다, 벌금으로 정산한 것이다, 일자리 준 것도 어디냐, 법대로 돈 주면서 일 시킬 거면 왜 청소년을 고용하겠느냐, 불성실했다 등과 같은 변명에는 어떻게 대응하면 좋을까요?

정인이가 잘 몰라서 최저임금 이하인 시급 3,500원을 받고 일하기로 했다고 하더라도 최저임금법을 어긴 경우 둘이 맺은 계약은 원천 무효예요. 애초 성립될 수 없는 계약은 법적 효력이 없어요. 그러니까 나중에라도 최저임금에 못 미치는 돈만큼은 추가로 받아 낼 수 있습니다. 나중에 올려 주면 되는 게 아니라, 처음부터 최저임금 이상으로 돈을 주었어야 하는 거죠. 일자리를 준 것만 해도 감지덕지하라면서 법이 정한 최저 기준에도 못 미치는 열악한 조건을 강요해서는 안 됩니다.

사장은 자기 멋대로 임금을 정했을 뿐 아니라, 그 임금에서 '벌금'을 제하고 계산을 했지요. 사회가 정한 약속 가운데 하나가 뭐냐면 '노동자들이 받는 임금에는 손을 대서는 안 되고, 만약 회사가 입은 손해가 있으면 그 손해를 따로 청구해야 한다'는 거예요. 특히 최저임금을 받는 노동자의 임금에 손을 대는 건 있어서는 안 되는 일이에요. 왜 그럴까요?

최저임금이란 임금의 최저선을 정해 놓은 것이에요. 그 밑으로 내려가면 인간답게 살 수 있는 최소한의 조건이 무너지고, 인간의 존엄함이 무너진다는 거예요. 숨만 쉰다고 생존이 아니잖아요. 존엄하게 살 수 있어야지요. 최저임금은 사람의 존엄함이 깎이지 않도록 정해 놓은 최저 기준이에요. 그래서 그걸 허물어뜨리면 안 된다는 거예요. 사람이 발 딛고 서 있는 유일한 발판을 뺏어 버리면 안 되는 거지요. 그래서 임금에는, 특히 최저임금에는 손을 대서는 안 돼요. 만일 정인이가 잘못한 게 있다면 사장이 입은 손해를 따로 정확하게 계산해야지, 자기 멋대로 임금에서 공제하는 건 잘못입니다.

정인이가 불성실하게 일했다는 말은 진실일까요? 따져 보려면 내막을 들여다볼 필요가 있겠지요. 편의점에서 일할 때는 잠시도 앉아 있을 수가 없어요. 끊임없이 움직여야 하고 물건을 정리해야 하고, 머리 위에서는 항상 CCTV가 감시하고 있어서 계산대를 떠날 수 없죠. 그리고 이 사장님의 머릿속에는 정인이가 5분, 10분 늦은 건 계산이 되어 있지만 정인이가 뒷정리를 하고 인수인계를 하느라 20분, 30분씩 더 일한 시간은 계산되어 있지 않아요. 따지고 보면 정인이가 원래 정해진 시간보다 더 오래 일한 셈인데도 말이지요.

그리고 사장은 술 취한 손님이 정인이를 괴롭힐 때, 손님과 매상만 생각했을 뿐 일하는 사람의 인권을 보호해야 할 책임은 전혀 생각하지 않았어요. 그런 일이 있을 때 제일 먼저 해야 할 말은 뭘까요? 정인이에게 "괜찮니?"라고 물어봤어야죠. 그리고 적극적으로 손님을 제지했어야 했는데 그러지 못해 미안하다고 했어야죠. 사장에게는 일하는 사람의 인권을 보호해야 할 책임이 있으니까요.

아까 편의점 사장이 처음 본 여러분한테도 "바쁜데 왜 오라 가라야?" 하면서 대뜸 반말부터 했지요. 왜 그럴까요? 여러분이 청소년이고 사회적 약자이기 때문이지요. 그런데 여러분은 그런 태도에 대꾸하기 힘들었을 거예요. 청소년이라고 무시하면 안 된다고 말한 분도 계셨지만 말이지요. 마찬가지로 정인이도 부당한 일을 겪어도 적극적으로 대처하기 어려웠을 거에요.

이제 일하는 청소년들이 자기 권리를 주장하기 힘든 이유에 대해서 더 이야기를 해 보겠습니다.

제가 속해 있는 청소년 노동인권 네트워크에서는 매년 청소년 노동 실태를 조사해서 발표하고 있습니다. 언론에서도 청소년 노동 실태에 관심을 갖고 보도하고 있습니다. 다음은 그중 대표적인 사례 두 개입니다.

사례 1

청소년 노동자 1,452명을 조사한 결과 절반이 넘는 52%의 청소년이 법적 최저임금도 받지 못하고 있다. 법으로 보장된 임금의 20%를 받지 못하는 것으로 나타났다.

저녁 시간 편의점에서 일하는 진경이에게 허락된 식사는 삼각 김밥 한 개가 전부다. 그러나 그것도 조건이 있다. 유통 기한이 지났거나 폐기 직전의 김밥만 먹을 수 있다.

3,000원. 이렇게 일하면서 진경이가 받는 시간당 임금이다. 법정 최저임금은 한 시간에 3,770원. 법으로 보장된 임금의 20%를 받지 못하고 있다. 10대 아르바이트생이 편의점에 취직하면서 작성한 서약문에는 장기 근무를 약속한다거나 후임자를 반드시 구해 놓고 나가야 한다는 조항이 있는데, 강제 노동의 강요고 또 물건을 가져갔을 경우 수십 배를 배상해야 한다는 조항은 손해 배상액을 미리 정하지 못하게 하는 근로 기준법을 어긴 것이

다. 이것이 노동 시장에서의 청소년의 위치이다.

아르바이트를 하다가 겪은 갖가지 인권 침해 사례 중에는 여학생들 경우 성추행을 당했다는 증언이 잇따르고 있다. 그리고 아르바이트를 하다 손가락뼈가 부러지는 중상을 입었지만 4만 원 정도 보상을 받는 것이 전부였다고도 한다. 손가락을 다쳤는데 가게는 산재 처리가 안 되어 있다고 집에서 다쳤다고 하고 치료하라고 했다. 그래서 개인 의료 보험으로 치료하고 치료비만 받기도 했다.

– KBS '취재파일', 2008년 12월.

사례 2

올해 상반기 아르바이트 경험이 있는 대학생 및 구직자 10명 중 3명 이상이 최저임금도 못 받고 일한 경험이 있는 것으로 조사됐다.

아르바이트 포털 알바로www.albaro.com가 10일부터 13일까지 올해 아르바이트 경험이 있는 대학생 및 구직자 603명을 대상으로 조사한 결과, 37.3%가 '올해 시간당 4,110원(2010년 기준)에 미치지 못하는 급여를 받고 일한 적이 있다'고 답했다.

법정 최저임금을 받지 못한 이유(복수 응답)는 52.9%가 '최저임금을 알았지만 아르바이트를 빨리 구해야 해서'를 꼽았다.

‘아르바이트 구할 때 최저임금이 얼마인지 몰라서’는 35.1%,
‘고용주가 채용 전과 후 임금을 번복해서’는 12.4%이었다.

– 〈경향신문〉, 2010년 7월 15일.

KBS 보도에 나왔던 진경이는 저희가 직접 만나 본 친구예요. 진경이는 편의점에서 일하는 동안 폐기 직전의 삼각 김밥만 먹을 수 있었는데요. 햄버거집이나 피자집도 사정이 그리 다르지 않습니다. 여러분은 햄버거 가게에서 아르바이트를 하면 햄버거를 마음대로 먹을 수 있어서 좋겠다고 생각할지 모르겠지만, 아르바이트 청소년과 정직원이 먹을 수 있는 버거의 종류부터가 달라요. 그리고 매일 햄버거만 먹으며 어떻겠어요. 토 나오겠지요. 다른 식사를 하고 싶겠지만 제공되지 않아요.

제가 식당에서 아르바이트를 하다가 최저임금을 못 받은 친구가 있어 이걸 받아 내려고 함께 간 적이 있었어요. 그랬는데 첫마디가 “가족처럼 대해 줬는데 어린 게 돈만 밝힌다”였어요. 정당한 권리를 되찾으러 간 청소년에게 도덕적 비난이 먼저 돌아온 셈이지요. 이것이 청소년 노동의 일반적인 현실이에요. 왜 이런 일들이 반복될까요. 이게 저의 고민이었어요. 그럼 청소년들을 바라보는 사회적 관점과 청소년들의 열악한 노동이 어떻게 연결되어 있는지 살펴보도록 합시다.

청소년이 일터에서 취약할 수밖에 없는 이유

2008년 서울에서 있었던 교육감 선거 때 나온 포스터입니다. 이 사진에서 이상한 점은 없나요?

"서울시민이 교육감을 직접 뽑습니다"라고 말하고 있는데 청소년에게 투표권이 있나요? 없지요. 여러분은 시민이 아니라는 이야기예요. "시민 여러분"이라고 말할 때 그 '시민'에 청소년들은 쏙 빠져 있어요. 그래서 이걸 이상하게 여긴 청소년들이 나왔어요. 기호 0번 청소년 교육감 후보. "진짜 후보가 여기 왔다. 못 뽑으니까 나와 봤다"라고 외치고 있지요.

이 청소년들이 하고 싶었던 이야기가 뭐였을까요? 학교도, 공부도 너무 견디기 힘든데 이 현실을 바꾸려면 누구의 의견을 먼저 들어봐야 한다는 건가요? 누구의 힘이 중요하다는 거예요? 기호 0번 청소년 후보는 학생 스스로가 교육을 바꿀 수 있는 힘을 가져야 한다고 말하고 있어요. 청소년들에게 가장 큰 영향을 미치는 교육 정책의 방향을 결정하는 교육감을 뽑는데 청소년들은 왜 투표할 권리조차 갖지 못하는 걸까 묻고 있는 거예요. 그래서 이 친구들은 "진짜 후보가 여기 왔다"고 말하면서 청소년들이 교육의 주체라면 당연히 우리에게도 교육감을 뽑을 권리가 주어져야 한다고 말하고 있어요.

여기서 살펴본 것처럼, 모든 사회적 장면에서 청소년들에게는 자기에게 영향을 미치는 정책이나 삶의 조건에 대해 의견을 말하고 참여해서 결정할 권리가 보장되어 있지 않습니다. 그러니까 청소년들을 우습게 보는 것이지요. 청소년들이 일터에서 우습게 취급되고 그들의 노동 문제가 심각해도 잘 해결되지 않는 이유는 청소년들이 그만큼 정치적 힘이 없고 사회적으로 배제되어 있기 때문입니다.

2008년에 미국산 광우병 소고기 수입과 관련해 촛불 시위가 일어났던 걸 기억하실 거예요. 그때 많은 사람들이 외치던 구호가 "아이들이 무슨 죄냐. 우리가 지켜 주자"였습니다. 이 구호에서 이상한 점은 없나요? 그래요. '우리'의 바깥에 아이들이 있지요.

그런데 이 광우병 위험 쇠고기의 문제점을 가장 먼저 알린 사람이 누구였나요? 촛불 소녀로 상징되는 여중·여고생들이었어요. 10대가 가장 먼저 촛불을 들어 올린 주체였던 것이지요. 그런데 어느 순간 "아이들이 무슨 죄냐." 하면서 청소년이 주체에서 보호의 대상으로 바뀌기 시작했어요. 이것을 이상하다고 생각한 청소년들이 길바닥에 낙서를 하고 다녔어요. "어른들이 무슨 죄냐. 청소년이 지켜 주자"라고 말이에요.

이 낙서를 통해서 청소년들이 하고 싶었던 이야기가 뭘까요? "우리에게도 우리를 지킬 권리와 힘이 있는데 왜 그 자리를 빼앗고 어른들이 우리를 보호하는 대상으로만 취급하는가"라는 질문이었지요. 이렇게 사회가 청소년들을 늘 미숙하고 힘이 없는 존재나 보호해야 할 대상으로만 바라보기 때문에, 청소년들이 미숙한 상태에 머물도록 기회를 빼앗기 때문에, 이런 조건을 이용해서 청소년들에게서 정당한 몫을 빼앗는 사람들이 생기는 거예요.

일터에서 청소년들이 힘이 없는 이유도 이런 문제와 연결이 되어 있습니다. 늘 보호의 대상으로 취급받는 청소년들은 스스로 보호할 힘을 기를 기회를 갖지 못해요. 그래서 보호해 줄 사람이 없는 곳, 대표적으로 노동 현장 같은 곳에서 홀로 사장과 대면해야 하는 청소년들은 취약한 위치에 놓이게 되는 겁니다.

언론에는 무서운 10대가 어쩌고저쩌고하는 기사가 자주 납니다. 이런 기사를 보면 느낌이 어떤가요? 청소년들이 모두 범죄 집단인 양 묘사하고 있지요. 만약 어느 40대 아저씨가 무면허로 대포차 운전을 했다고 쳐요. 그럼 언론에서 '무서운 40대! 무면허에 대포차

까지'라는 제목을 붙일까요? 절대 그렇지 않을 겁니다. 그런데 왜 유독 10대에게만 집단적인 딱지를 붙이고 매도하는 것일까요?

이게 힘이 없는 사람들, 사회적 약자들이 당하는 전형적인 폭력입니다. 한 사람이 잘못한 것인데도 전체의 잘못으로 매도당하는 것이지요. 청소년들이 이런 존재예요. 청소년들이 건강하게 자기 권리를 주장할 때 청소년을 위험한 집단인 양 부각시키는 이야기들을 솔솔 흘려 보내요. 청소년이 자기들이 정해 놓은 틀 밖으로 나오는 것을 두려워하기 때문이지요. 촛불 집회 때 청소년들이 거리로 나와 촛불을 들자, 우리나라에서 대표적인 보수 논객 중 한 사람인 조갑제 씨가 이런 주장을 폈지요. "서울 광화문을 청소년 통행 제한 구역으로 지정하자"고 말이에요. 촛불의 광장이었던 광화문을 청소년에게 유해한 지역이라고 본 것이지요.

이렇게 청소년들이 보호의 틀을 거부하고 스스로 당당하게 나섰을 때 우리 사회는 그들을 다시 틀 안으로 집어넣으려는 시도들을 해요. '위험한 집단'으로 매도하면서 말이지요. '위험한 집단'이 자기 권리를 주장할 때 사람들의 반응은 어떨까요. 주장하는 내용까지도 위험해 보이겠지요.

또 하나, 일하는 청소년을 보는 사회의 시각은 어떤가요? 좋지 않아요. 청소년 노동에는 대개 나쁜 이미지가 덧씌워져 있어요. 정상에서 일탈했다는 이미지, '돈이나 밝히고 발랑 까진' 청소년들이

나 하는 일이라는 이미지가 씌워져 있는 것이지요. 그래서 청소년들이 일터에서 자기의 정당한 권리를 이야기할 때 가장 먼저 도덕적 비난이 돌아와요. 싸가지 없다, 돈이나 밝힌다, 너희를 받아준 것만 해도 어딘데 이렇게 나오느냐, 이런 식의 반응 말이지요.

여러분, 다음 문장에서 ○○○에 들어갈 말은 무엇일까요?

- ○○○을 만나면 허리를 굽혀 "안녕하십니까?"라고 인사를 한다.
- ○○○이 계신 곳을 출입할 때에는 반드시 옷차림을 살핀다.
- ○○○의 부름을 받았을 때는 "○○○, 부르셨습니까?"라고 말한다.
- ○○○께 꾸중을 듣더라도 고마운 마음으로 받아들이고, 같은 실수를 되풀이하지 않도록 노력한다.

어른? 사장님? 아닙니다. 이건 중학교 도덕 교과서에 나오는 '선생님에 대한 기본 예절'입니다. 우리 사회는 청소년들에게 이런 게 예의라고 가르치고 있어요.

그런데 한 청소년은 정답으로 '큰형님'을 넣더라고요. (웃음) 큰형님을 넣어도 뜻이 통하잖아요. 청소년들이 이렇게 굴욕적 관계를 받아들이고 따르는 데 익숙하도록 우리 사회가 교육을 하고 있습니다. ○○○에 사장님, 점장님을 넣어도 뜻이 통하지요? 부당한 조건에서 일하도록 강요받았을 때 청소년들 대부분은 참고, 견디고, 굴종하게 돼요. 굴종을 예의라고 뼛속 깊이 배우고 익혔기 때문이지요. 사회 전반이 청소년들을 이렇게 기르고 있기 때문에, 일터에서 청소년들이 어른인 사장을 만났을 때 부당한 대우를 받더라도 저항하는 것은 예의에 어긋나는 일이라는 식으로 생각하게 되지요. 그러니 당당하게 자기 권리를 주장하는 일은 더더욱 어려워져요.

한 신문에 이런 기사가 실린 적이 있어요. 청소년 자살이 늘어나는 현실을 염려하는 기사였는데 그 내용이 이랬습니다.

"청소년들은 빈곤, 실업, 가정불화 등 정형화된 중장년층 자살과는 달리 사소하고 일시적이며 가벼운 문제로 불만을 품고 충동적인 자살을 시도하고 있다."

이 기사는 청소년들을 어떤 존재로 풀이하고 있나요? 충동적이고 아무것도 아닌 일에 불만을 품는 사람인 양 취급하고 있지요. 이렇게 '사소하고 일시적인 문제에 불만을 품는' 존재들이 일터에서 자기 권리를 주장할 때, 어른들이나 사회가 그 주장을 무게 있게 받아들일까요?

이 기사는 또 빈곤, 실업의 문제를 누구의 문제라고 생각하고 있나요? 어른들만의 문제로 생각하고 있어요. 하지만 청소년들의 삶도 빈곤, 실업과 무관하지 않습니다. 청소년들은 부모의 경제적 지위와 상관없이 일반적으로 가난해요. 대개 청소년들은 부모님에게 의존해서 살아야 하기 때문에 부모님 눈치를 볼 수밖에 없고 그래서 비굴해지지요. 그래서 청소년들은 가족의 경제 수준과 관계없이 일반적으로 '빈곤층'으로 분류될 수 있어요. 부모님이 경제적 지원을 철회해 버리거나, "집에서 나가!" 하면서 쫓아내면, 오갈 데 없는 존재가 되기 때문이지요.

청소년들의 노동에 대해 흔히 '용돈 벌이 노동'이라면서 낮추어 보거나 소비적이라고 비판하는 경우가 많습니다. 과연 그럴까요? 아르바이트로 돈을 벌면 주로 어떤 걸 하나요? 사고 싶은 거 사고 친구들 만나고 친구 생일 선물을 사기도 하지요. 이런 게 모두 생활비예요. 친구랑 놀거나 선물을 사는 데 필요한 돈은 흔히 말하듯 '유흥비'가 아니라 사회적 관계 유지비라고 봐야겠지요. 어른들도 친구와 만나 돈을 쓰고 결혼식이나 장례식에 부조금을 내고 하잖아요. 이런 것도 사회적 관계 유지비지요. 어른들에게는 이런 게 필수라고 생각하면서, 청소년들에게만 씀씀이를 탓합니다.

청소년들이 휴대 전화를 사거나 통화료를 내려고 아르바이트를 하는 것에 대해서도 좋지 않은 시선으로 보는 경우가 흔합니다. 그러나 어때요? 이제 휴대 전화는 어른들은 물론 청소년들에게도 필수품이 되었지요. 그래서 휴대 전화 비용을 내거나 사회적 관계를 유지하는 데 필요한 비용을 마련하기 위해 노동을 하는 청소년이 생겨나요. 아니면 어른 눈치를 계속해서 보거나 부모님께 미안해하며 휴대전화를 사용해야만 하기 때문이지요.

게다가 청소년 가운데에는 경제적으로 지원해 주거나 양육해 줄 사람이 없거나 있더라도 충분하지 못한 형편에 놓인 사람도 있어요. 이런 청소년들에게 노동은 더욱 긴급한 생존의 문제이겠지요. 그런데 어른들은 청소년들이 노동하는 이유를 얕잡아보고 하찮게 취급해요. 그러니 청소년들이 일터에서 당하는 문제를 해결하려고 하기보다는 '하기 싫으면 그만두면 된다'는 식으로 바라보지요.

교실에 걸려 있는 급훈들 기억 나세요? 제가 교실에 걸려 있는 급훈 들을 본 적이 있는데요. 다음과 같은 내용들이 있었습니다.

"네 성적에 잠이 오냐?"
"30분 더 공부하면 내 남편 직업이 바뀐다."
"대학 가서 미팅할래, 공장 가서 미싱할래?"

이 급훈들이 공통적으로 하고 있는 이야기는 뭘까요? "공부해라." "청소년은 학교에 있어야 정상이다."라는 것이지요. 그래서 일터에 있는 청소년들의 삶은 잘 드러나지 않아요. 이것 역시 청소년들이 일터에서 부당한 조건에 놓일 수밖에 없는 이유와 연결이 되어 있어요. 청소년들이 일터에 있는 모습이 사회적으로 가려져 있기 때문에 청소년들이 받는 부당한 대우는 사소한 문제로 치부되거나 잘 보이지 않게 되는 것이지요.

또한 청소년들이 일터에 있는 건 '비정상적'이기 때문에 일을 그만두고 학교로 돌려보내면 문제가 해결된다고 쉽게 생각해 버리지요. 당연히 청소년 노동을 중요한 문제로 받아들이고 해결하려는 노력이 뒤따르기 어렵습니다.

그런데 사실 청소년들이 일터에 있는 모습이 비정상적일까요? 역사적으로 청소년 노동이 사라진 적은 한 번도 없어요. 특히 일을 해도 먹고살기 어려운 '노동 빈곤층'이 갈수록 많아지고 청소년들의 독립적 삶에 대한 욕구가 커지고 있는 최근에는 일하는 청소년이 늘 수밖에 없습니다. 그런데도 계속 청소년이 일터에 있는 모습이 비정상적인 상태라고 봐야 할까요?

청소년들이 사회에서, 학교에서 존중받을 때 청소년이 힘을 가질 수 있고, 그래야 학교도 일터도 바뀔 수 있어요.

노동의 문제는 어른들만의 문제가 아니에요. 게다가 노동의 문제와 청소년의 문제가 만났을 때 훨씬 더 어려워지고 깊어지지요. 청소년기 아르바이트는 생애 최초의 노동입니다. 그런데 그 노동은 '밑바닥 노동'이에요. 이렇게 표현하면서 너무 가슴이 아팠는데요. '밑바닥 노동' 하면 무엇이 떠오르지요? 비참하다, 비굴하다, 억울하다, 뭐 그런 것이겠지요. 청소년을 불쌍한 존재로 만들고 싶지는 않았지만, 청소년들의 노동 현장을 들여다봤더니 정말 '밑바닥 노동'이라는 말밖에는 떠오르지 않았어요.

청소년을 바라보는 가치 프레임

세상을 바라보는 프레임(틀)이 무척 중요해요. 어떤 틀로 세상을 보느냐에 따라 다른 이야기가 만들어지기 때문이지요. 도덕 교과서를 보면 과거 1970년대 미니스커트 단속 장면이 실려 있어요. 박정희 정권 때 경찰이 남성의 장발을 단속하면서 길거리에서 머리를 막 자르기도 했지요. 반면 여성에게는 치마 길이를 자로 재서 단속했지요. 왜 그랬을까요? 이건 국가가 시민의 권리를, 여성의 권리를 침해하는 장면으로 볼 수 있겠지요. 그런데 도덕 교과서에서는 이 문제를 '세대 갈등'이라고 가르치고 있어요.

'세대 갈등'이라고 표현하면 국가가 저지른 폭력이 쏙 빠지지요. 국가가 시민에게 저질렀던 폭력을 시민과 시민끼리의 문화적 충돌인 양 문제의 성

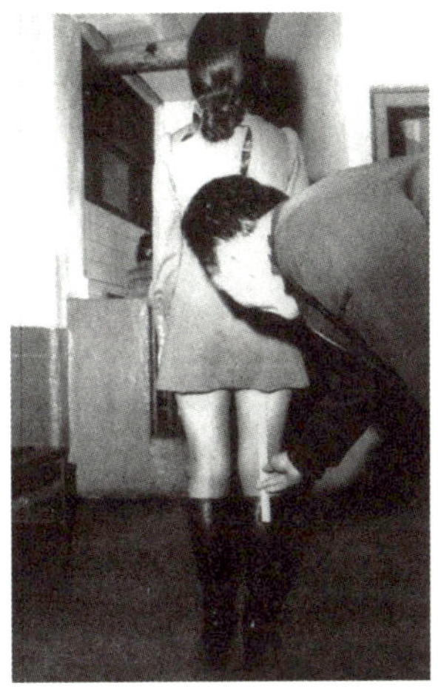

『중학교 도덕 · 3』(교육인적자원부, 2008)

격을 바꾸어 버리는 것이지요. 결국 이중의 폭력이 이루어진 셈입니다. 하나는 국가가 시민에게 행사한 폭력이고, 또 하나는 진실을 못 보게 하는 폭력이지요.

 이 그림은 이런저런 공간에서 자주 봤던 표지판일 겁니다. 이 두 표지판의 차이는 뭘까요? 둘 다 장애인 표지판인데요, 장애인계의 요구로 왼쪽에서 오른쪽으로 바뀌게 되었습니다. 네, 그래요. 왼쪽 표지판은 장애인이 누군가의 도움을 받아야만 하는 의존적인 존재로 묘사되어 있는 반면, 오른쪽 표지판은 자기 의지로 자립적인 생활을 할 수 있는 사람으로 묘사되어 있지요.

장애인을 어떤 존재로 보느냐에 따라 정책 방향도 달라집니다. 장애인들도 비장애인들처럼 자립적으로 생활할 수 있고 또 그래야 한다고 생각해야 그걸 가로막는 사회적 장벽이 무엇인지 찾을 수 있고 바꿀 수 있습니다. 표지판 하나에도 장애인을 바라보는 시선의 차이를 발견할 수 있어요. 이게 바로 '프레임'의 차이에요.

그렇다면 청소년은 어떤 프레임에 갇혀 있을까요? 학생들 교복에는 흔히 이름표가 '박음질' 되어 있습니다. 죄수복도 비슷하게 번호표가 박음질되어 있죠. 제가 아는 한 청소년은 이 박음질된 이름표 때문에 자퇴를 했어요. 이런 얘기를 전하면 어른들은 "아니 그

깟 사소한 문제 때문에 학교를 그만둬?"라고 반응해요. 하지만 그 청소년에게는 존재를 걸 만큼 중요한 문제였던 거예요. 그 친구는 이름표가 박힌 교복을 입고 등교하면서 매일매일 죄수가 되는 기분이었대요. 그 친구는 '내 이름을 공개할지 말지는 내가 선택할 수 있어야 하는 것 아냐?' 라고 생각했어요. 왜 자기 의지와 상관없이 낯선 사람에게까지 이름이 밝혀져야 하는 건지 이해할 수 없었던 거죠.

학생들 이름표는 왜 이렇게 박음질되어 있을까요? 눈에 띄기 쉬워야 통제하기가 쉽습니다. 게다가 자기가 학생이라는 점을 끊임없이 인식하게 함으로써 스스로를 검열하도록 만드는 효과가 있는 것이지요. 이렇게 학생이 죄수와 같은 취급을 당하고 있는데도 사람들은 이를 당연하게, 자연스럽게 생각해요. 이걸 이상하다고 생각하지 않는 이유, 강제로 이름표가 부착된 이들의 고통을 느끼지 못하는 이유 역시 청소년을 바라보는 가치의 프레임 때문입니다.

인권의 시선으로 바라본 청소년 노동

일하는 청소년의 입장에서 일터를 바라보고 문제점을 발견해 내는 사람들을 만나기도 쉽지 않습니다. 비청소년 곧, 어른들이 주류를 장악하고 있는 사회에서 청소년은 사회적 약자일 수밖에 없습니다. 청소년이 원래 힘이 없어서가 아니라, 사회가 청소년을 약자의 위치에 몰아넣고 있기 때문에 '사회적 약자'라고 부르는 것이지요. 일하는 청소년은 청소년이라는 약자성과 고용된 사람이라는 약자성을 동시에 갖고 있기 때문에 노동자 중에서도 약자라고 볼 수 있습니다.

아이리스 영Iris Young이란 사회학자는 사회적 약자들이 흔히 경험하게 되는 억압을 다섯 가지로 분류해서 제시한 바 있는데요. 이 학자의 분석을 빌어 일하는 청소년 곧, 청소년 노동자가 어떤 억압을 경험하고 있는지를 설명해 보겠습니다.

첫 번째는 '착취'입니다. 착취란 가치가 없거나 낮은 일로 취급함으로써 정당한 대가를 버젓이 강탈하는 것을 말합니다. 앞서 편의점 사장이 "청소년을 쓰는 이유가 뭐겠어? 그 값으로도 일하니까 쓰는 거지"라고 이야기했던 걸 기억하실 겁니다. 똑같이 일해도 청소년들은 성인에 비해 미숙한 일꾼, 값싼 일꾼 취급을 받는 것이지요. 그래서 청소년들은 겨우 '최저임금' 수준을 받는 것만도 감지덕지해야 할 처지에 놓입니다.

두 번째로 '비가시화'입니다. 힘 있는 사람은 목소리도 크고 어딜 가나 주목받고 상황을 쥐락펴락할 수 있지만, 약자들은 주변부에 밀려나 있고 목소리도 작다 보니 잘 보이지 않는 것이지요. 청소년 노동자도 마찬가지입니다.

　잘 보이지는 않지만 실제 청소년 노동자의 수는 굉장히 많습니다. 청소년 다섯 중에 한 명은 노동 경험이 있으니까요. 그런데도 사람들은 청소년들이 죄다 학교에 있다고 생각합니다. 밤늦게까지 '야자' 하느라 학원 다니느라 고생한다고는 생각하지만, 일터에서 고생하는 청소년의 존재에는 주목하지 않습니다. 청소년 노동자의 존재가 드러나지 않는 만큼 그들이 일터에서 겪는 문제도 사람들의 관심사에서 멀어져 있지요.

　세 번째는 '권력 부재'입니다. 사회적 약자들은 상황이나 관계에 이름을 붙일 수 있는 힘, 조건을 변화시키기 위해 협상하고 조정할 수 있는 힘이 없습니다. 청소년 노동자도 마찬가지이지요. 언제든 "싫으면 그만둬"라고 얘기할 수 있는 사장님, 그것도 '어른'인 사장님과의 관계에서 청소년 혼자 협상력을 갖고 대응하기란 거의 불가능합니다. 그만큼 일터에서 청소년들은 약자일 수밖에 없는 것이지요.

　네 번째는 '대상화' 또는 '일반화'입니다. 대개 사회적 약자들은 한두 사람의 잘못이 그 집단 전체의 잘못인 양 매도당하는 경험을 자주 하게 됩니다. 청소년들에게는 대개 불성실하다, 미성숙하다, 충동적이다, 공격적이다 같은 부정적인 이미지가 덧씌워져 있어요. 그러다 보니 청소년들이 일터에서 부당한 일을 겪어도 그걸

증명하기가 쉽지 않아요. 청소년들이 증언해도 믿어 주거나 진지하게 받아들이는 사람이 많지 않으니까요.

마지막 다섯 번째는 '폭력'입니다. 대개 사회적 약자들은 여러 가지 형태의 폭력에 노출되기 마련이에요. 청소년 노동자들에게 일하면서 가장 힘들었던 게 뭐였냐고 물어보았더니 '하인처럼 대하는 거'라고 답한 친구가 있었어요. 함부로 대한다, 일하러 갈 때는 인격을 내려놓고 간다고 답한 친구도 있었고요.

왜 그럴까요? 가족이나 학교에서 체벌이 흔하다 보니 일터에서도 청소년을 때려도 괜찮다는 문화가 자리 잡고 있어요. 성인 노동자에게는 차마 못 할 욕이나 무시하는 말들을 청소년에게는 쉽게 내뱉은 경우가 많은 거지요. 여성의 경우에는 성폭력의 위험에도 노출되어 있습니다. 이렇듯 폭력이 워낙 일상화되어 있다 보니 그런 행위들이 폭력이 아니라 '애들에게 일 가르쳐 주는 행위'로 둔갑해 버립니다. 청소년 당사자가 문제를 크게 느끼지 못하는 경우도 있고요. 어쩌면 폭력을 폭력이 아니라고 가장하는 행위야말로 가장 무서운 폭력일지도 모릅니다.

인권의 시선으로 청소년 노동을 바라본다는 것은 어떤 것일까요? 우리 사회는 주로 누가 위기 상황에 놓여 있나, 누가 지원과 관심을 받을 만한 자격이 있나 하는 식으로 질문을 던집니다. 사람들을 구분 짓고 분류하고, 끊임없이 자격을 요구하는 것이지요. 그러나 인권의 시선으로 바라보면 질문 자체를 바꾸어야 합니다. "각자에게 어떤 어려움이 있습니까?” 이렇게 물어야 하겠지요. 문제가 터졌을 때만 반짝 관심을 기울일 게 아니라 평소에 청소년들이 어떤 조건에서 일하고 있는지 잘 살펴야 한다는 것이지요.

생애 최초의 노동, 밑바닥 노동의 현실을 보다

이 사진은 예전에 동방신기 팬클럽이 한 언론사에 실은 광고입니다. 기획사와 불공정 계약 문제가 불거졌을 때 나온 광고였지요. 저는 이 광고를 보고 너무나 감탄했어요. “그들은 원숭이가 아닙니다. 인격권과 의사 결정권을 가지고 있는 사람입니다.” 광고를 만든 팬클럽 언니들, 정말 ‘개념 찬’ 언니들 아닙니까? 연예인 노동자들이 비록 기획사와 계약 관계에 묶여 있다 하더라도 그들의 인격권과 의사 결정권은 보장되어야 한다는 거지요.

알려고 들지 마라, 주장하지도 마라, 답을 기대하지 말라고 요구

받는 이들은 노예나 원숭이지 사람이 아니라는 놀라운 통찰을 드러
내고 있습니다. 동방신기는 그래도 꽤 힘이 있는 연예인들이고 이
렇게 '개념 찬' 팬클럽까지 있는데도 기획사를 상대하기 어려웠습
니다. 동방신기보다 힘이 없는 노동자들, 특히 청소년의 경우는 어
떨까요?

여러분! 1987년은 어떤 해죠? 독재 정권을 몰아냈던 민주화 항쟁
이 일어났던 해예요. 항쟁은 독재자를 대통령 자리에서 몰아내자는
외침에 그치지 않았어요. 사람들은 민주화에 대한 열망을 각자 자
기 공간과 연결 짓기 시작했지요. 노동자들은 어용 노조를 몰아내
고 노동조합을 민주화하기를 원했고, 청소년들은 학교를 민주화하
고 학생회장도 직선제로 뽑기를 원했던 겁니다. 대통령도 직접 뽑
자고 하는 마당에 왜 학생회장, 반장을 우리 손으로 못 뽑느냐! 이
런 생각이 자연스럽게 들었던 것이지요.

당시 일어난 일들 가운데 주목할 만한 게 하나 있어요. 울산에 있
던 현대중공업 노동자들은 민주노조를 만든 다음 조합원들에게 첫
설문조사를 했다고 해요. 우리 회사에서 제일 먼저 바뀌었으면 하
는 게 뭐냐고 말이에요. 뭐가 답이었을까요? 다들 임금이 오르기를
원했을 거로 생각하기 쉽지만, 1위를 차지한 건 다름 아닌 '두발 자
유'였습니다.

당시 현대중공업 같은 공장에서는 노동자를 대상으로 두발 통제

가 있었다고 해요. 출퇴근 시간에 소지품 검사도 하고 관리자들이 바리캉으로 머리를 깎기도 하고, 일을 잘 못하면 발로 걷어차이는 일도 있었답니다. 당시 노동자들은 사람 취급 못 받으며 일한다는 울분을 갖고 있었고, '두발 자유'라는 요구를 통해 "우리도 사람이다"라는 사실을 인정받고자 했던 것이지요. 이처럼 당시 노동자들에게 두발 자유는 단지 머리카락의 자유가 아니었습니다. 내 몸의 주인이 나라는 것, 인격을 가진 주체로서 내 몸을 자주적으로 관리하겠다는 인간 선언이었던 것이지요.

당시 노동자들의 주장은 오늘날 청소년들의 두발 자유 요구와 전혀 다르지 않습니다. 그런데도 어른들은 '그런 사소한 문제에 목숨을 거느냐!', '나중에 졸업하고 기르면 되지 왜 안달이냐!' 이런 반응을 보이곤 합니다. 두발 자유 요구에 담긴 속뜻을 읽지 못했기 때문입니다. 동방신기 팬클럽이 지적하고 있듯이, 더 이상 원숭이가 되지 않겠다는 선언인데도 말이지요.

흔히 '노가다'로 불리는 분들, 건설 현장에서 일하시는 노동자들이 몇 해 전 "우리도 땅바닥이 아니라 의자에 앉아 밥 먹고 싶다." "우리도 제대로 된 화장실에서 볼일을 보고 싶다." 하면서 캠페인을 벌인 적이 있어요. 우리는 흔히 노동자들이 돈만 더 벌기를 원한다고 생각하지만 사실 어떤 조건에서 어떤 대접을 받으며 일하는가도 정말 중요하지요.

문도 없는 화장실에서 볼일을 봐야 하고 땅바닥에서 밥을 먹어야 하는 사람들이 스스로 존엄한 권리의 주체라고 생각할 수 있을까요? 그러기 쉽지 않거든요. 결국 노동자들이 요구한 끝에 근로 기준법 시행 규칙에 공사 현장에 화장실, 식당, 탈의실 설치 등을 의무화하는 내용이 들어가게 돼요. 이 내용이 들어간 게 2008년이니 참 우리나라 부끄럽지요. 이 이야기를 드린 이유는, 노동자들이 일터에서 어떤 대접을 받고 있느냐가 청소년 노동자들이 겪는 문제와 연결되어 있기 때문입니다.

다음은 신입 사원 모집 광고인데요, 이런 광고 굉장히 많이 보셨을 거예요. 일하는 노동자의 입장에서 봤을 때 이 광고에서 걸리는 문장이 있다면 뽑아 볼까요?

'가족 같은 분위기'는 어떤가요? 가족처럼 따뜻하게 대해 줄 거란 생각보다는 "가족이니까 권리 주장할 생각은 말라"는 이야기처럼 들리지는 않나요?

'부드러운 미소와 짧은 커뮤니케이션으로 고객의 요구를 파악'한다? 몸이 힘들면 얼굴이 뚱해지거나 표정이 사라지는 게 당연한데, 자기 감정과 상관없이 끊임없이 웃어야 하는 일이라는 생각은 들지 않나요?

'깔끔한 용모'는 어떤가요? 아, 면접 때 용모를 보고 채용 여부를 판단하겠다는 의미겠군요. '보이지 않는 곳'에서 '신속하게'

신입 사원 모집

○○와 ○○을 가지고 함께 일할 신입 사원을 찾습니다. 가족 같은 분위기에서 일할 수 있는 일터에서 여러분의 꿈을 펼치시기를 기원합니다.

모집 분야
●Hall server : 고객과 만남을 통해 부드러운 미소와 짧은 커뮤니케이션으로 고객의 요구를 파악합니다.
●BFC(Bar/Front/Cashier) : 고객과 첫 만남이 이루어지는 안내. 마무리까지 원활하게 이루어져야 하는 캐셔. 깔끔한 이미지를 선사하는 업무입니다.
●Prep Cook(조리 보조. 요리사) : 보이지 않는 곳에서 고객에게 정성껏 음식을 제공하는 업무이며, 새로운 시스템으로 신속하게 이루어집니다.
●정직원 및 각 분야 파트타임, 아르바이트생도 모집합니다.

전형 방법
서류 전형 → 면접 → 채용 검진(1차 합격자에 한하여 개별 통보)

급여
기본 수당+고객 대우 인센티브 지급

일해야 하는 주방은 어떻습니까? 일이 엄청 '빡세다'는 걸 알 수 있겠지요. '정직원'과 '파트타임, 아르바이트생'을 구분해서 모집하는 이유는 무엇일까요? 혹시 똑같은 일을 시키면서도 임금을 적게 주고 계속 고용해야 할 책임을 회피하고 싶어서 따로 뽑는 건 아닐까요? 맨 앞에 있는 ○○에 들어갈 말은 무엇일까요? 대개는 '패기와 열정', '재능과 열정' 이런 경우가 많지만 사실은 '인내심과 굴종'을 원하고 있는 건 아닐까요?

이처럼 불리한 조건에 놓인 노동자들이 참으로 많습니다. '88만 원 세대'라는 말 들어 보셨죠? 이제 젊은 세대에게는 한 달에 88만 원 정도의 최저임금을 받고 일하는 비정규직 일자리밖에 없다는 이야기입니다. 바로 여러분 이야기입니다. 이미 일을 시작한 청소년들은 "우리는 88만 원 세대도 되지 못한다. 죽을 사死의 44만 원 세대다"라고 말합니다. 88만 원 세대라도 돼 봤으면 좋겠다는 외침, 그것이 바로 오늘날 청소년 노동자들의 열악한 현실입니다.

대개 청소년들은 전단 돌리기부터 아르바이트를 시작하는 경우가 많은데 "천 원 받고 만 장 돌렸어요." 하는 친구들이 많아요. 만 장 돌리는 데 얼마나 걸렸느냐고 물어보면 세 시간이래요. 단돈 천 원 받고 세 시간 일한 거지요. 이렇게 전단 돌리기를 관문으로 아르바이트계에 진출해서는 점차 음식업계로 집중되기 시작해요. 흔히 청소년들이 한곳에서 오래 일하지 못한다, 일자리를 자주 바꾼다고 생각하지만, 실제로는 비슷한 일을 장시간, 장기간 하는 경우도 많습니다.

청소년들이 일터를 자주 옮기는 이유는 청소년들이 책임감이 부족해서라기보다는 일 자체가 너무 힘들어서 오래 버틸 수 없거나 단기간만 쓰고 해고하는 경우가 많기 때문이지요.

청소년 노동에서도 성별 임금 격차가 발견돼요. 남자 청소년들이 상대적으로 높은 임금을 받는데 건설 현장이나 공장에서 일하거나, 오토바이 운전이나 밤샘 노동을 하는 경우가 많기 때문인 것 같아요. 저희가 진행한 조사에서 휴식 시간이 따로 정해져 있지 않거나 아예 없다고 답한 청소년이 60%를 넘었어요. 서비스 업종에서 일하다 보니 계속 서서 일하는 경우가 많은데도 앉아서 쉴 시간도 제대로 보장받지 못하고 있는 것이지요. 모욕도 일상적으로 경험하고 있었어요. 사고를 당한 경험도 많고요.

청소년들이 쉽게 돈 번다고 생각하는 어른들, 서비스 업종이니까 일이 쉬울 거로 생각하는 청소년들이 많은데, 현실을 제대로 모르기 때문에 생긴 전형적인 오해지요. 청소년 노동자들은 대개 초저임금을 받으며 고강도 육체노동을 하고 있으니까요.

청소년 노동을 바로 이해하기 위한 질문들

청소년 노동 문제에 대한 올바른 접근법을 위해 몇 가지 질문을 소개하는 것으로 이야기를 마무리하고자 합니다.

첫 번째 질문은 "일하는 청소년들이 왜 증가하는 것일까?"라는 것입니다. 앞서 살펴본 대로 엄청 힘든 조건인데도 일하는 청소년들의 수는 최근 지속적으로 증가하고 있습니다. 물론 청소년 노동은 우리 사회의 일부로서 늘 존재해 왔었지만요. 가족 구성원 모두 일해야 먹고사는 가난한 집이 늘 있었으니까요.

최근에 청소년 노동이 늘어나는 이유도 ‘노동 빈곤’ 문제와 연결이 되어 있습니다. 노동 빈곤이라는 게 도대체 무슨 말일까요? 아무리 열심히 일해도 가난에서 벗어날 수 없다는 얘기지요. 최근 노동 빈곤층이 계속 확산되면서 교육비나 생활비 등 부모의 뒷바라지를 기대하기 힘든 청소년이 늘고 있습니다. 그러다 보니 휴대 전화비, 교통비라도 보태려고 일자리를 찾는 청소년도 느는 것이지요.

그런데 최근 청소년 노동이 느는 이유는 가난 때문만은 아닙니다. 무엇보다 문화적으로 청소년들이 독립에 대한 욕구가 커지고 있어요. 여러분도 그렇지 않나요? 부모님들로부터 정신적 거리를 갖고 독립적 인격체로 인정받고자 하는 청소년들이 경제적으로 먼저 독립을 하고자 하는 것이지요. 또 아무리 열심히 공부해 봐야 ‘88만 원 세대’라는 미래밖에 기다리지 않고 있다는 걸 일찍부터 간파한 청소년들이 있어요. 그러니 현재를 유예하면서 공부에 매달릴 이유가 없다고 생각하고 차라리 그 시간에 돈을 벌겠다고 생각하는 거지요.

게다가 최근에는 가족들이 깨지고 흩어지고 재결합하는 일들이 더 잦아졌습니다. 가난한 사람들은 생계가 막막할수록 뿔뿔이 흩어져 더 먼 곳으로 떠날 수밖에 없지요. 부모가 이혼하고 각각 다른 사람과 결합하는 일들도 많아졌습니다. 이렇게 가족이 흩어져 살게 될 때 막상 같이 살 만한 사람이 없는 청소년들도 늘어나고 있지요. 예전에는 가수 서태지가 '컴백 홈' 노래를 부르면 가출했던 청소년들이 집으로 돌아갔다는데, 지금은 돌아가고 싶어도 돌아갈 집이 없는 청소년이 많아진 겁니다. 그만큼 혼자서 먹고살려면 일을 하지 않을 수 없는 청소년도 많아진 셈이지요.

결국 청소년들이 왜 일을 선택하게 되는지, 일을 통해 무엇을 기대하고 있는지를 정확히 알아야 이들을 지원할 길을 발견하게 될 것입니다. 학교로 돌려보내기만 해서는 결코 문제가 해결될 수 없다는 것도 알 수 있게 될 거고요.

두 번째로 필요한 질문은 "청소년들은 왜 노동 현장에서 취약한가?"라는 것입니다. 청소년 노동자들을 무력하게 만드는 사회적 관점과 함께 일터의 조건도 살펴볼 필요가 있겠지요.

'USDAW'라는 미국의 도·소매 유통 노조에서 만든 포스터를 보았더니, 이런 질문을 던지고 있더군요. "하루 일과를 끝내고 난 뒤 여러분은 어떤 기분이십니까?" 저는 이런 걸 물어봐 주는 사람이 함께 있으면 참 기분이 좋을 것 같아요. 몸이 힘들지는 않은지, 속상한 일은 없었는지를 살펴 주는 친구, 그게 바로 노동조합의 역할이라고 그 포스터는 말하고 있었습니다.

이렇게 노동조합이 있어야 사람들이 일하면서 다치거나 병들거나 하는 일이 줄어들겠지요. 일하는 사람들이 뭉치고 자기 권리를 요구할 수 있을 때 더 안전하게 일할 수 있게 된다는 건 당연하겠지요.

그런데 청소년 노동자에게는 노동조합이 없습니다. 힘들지는 않았는지, 부당한 요구를 받지는 않았는지, 누가 모욕을 주지는 않았는지를 물어봐 주는 친구가 없다는 것이지요. 그래서 청소년들은 계속 취약한 조건에 놓이거나 아니면 정말 '싸가지 없다'는 비난을 감수하면서 정당한 대접을 요구하지 않을 수 없습니다.

세 번째 질문은 "노동자란 과연 누구인가?"라는 질문입니다. 노동자를 바라보는 시각 자체가 너무 편협돼 있습니다. 많은 이들이 여전히 노동자 하면 공장 노동자나 건설 노동자만을 떠올립니다. 발레리나, 청소부, 미용사, 교사, 항공기 조종사, 기자들도 노동조합을 만들어 자신이 노동자라고 선언하고 있고, 외국에는 소방관 노조, 판사 노조까지 있습니다.

그래서 최근에는 노동자의 개념을 넓히고 바로 이해하자는 이야기들이 많이 나오고 있습니다. 그런데 '일하는 청소년'을 노동자라고 생각하는 이들은 거의 없습니다. 일하는 청소년을 부르는 이름은 그저 '알바생'이지요.

'알바생'이란 말은 '아르바이트를 하는 학생'을 줄여 부르면서 생겨난 말이지요. '학생'인데 일을 하고 있다. 즉, 본업은 '학생'

이라는 생각이 전제된 말이지요. 이렇게 '학생'이라는 게 강조되다 보면 이들이 일터에 있다는 것 자체가 비정상적이라는 시각이 유지되기 싶습니다. 교육부에 청소년 노동 문제가 심각하니까 대책을 마련하라고 했더니, 그 높으신 분이 하는 말씀이 이겁니다. "아니, 학생이 학생이지, 무슨 노동자예요?!"이런 개념 없는 말이 통하게 하는 데 '알바생'이라는 말도 일조한 것입니다. 게다가 '알바생'은 학교를 그만둔 청소년들은 배제시킨 말입니다. 그러니 '알바생'이라는 말은 빨리 사라지는 게 좋겠지요.

네 번째 질문은 "우리 사회는 노동자를 어떻게 대우하고 있는가?"라는 것입니다. 노동자를 대하는 사회적 의식이 높아지면 청소년들의 노동 문제도 같이 개선될 수 있으니까요. 거꾸로 청소년 노동자들의 인권 수준이 높아지면 우리 사회 전체 노동자들의 인권 수준도 높아질 수 있어요. 왜냐? 아까 청소년 노동이 '밑바닥 노동'이라고 했잖아요. 밑바닥이 오르면 전체가 올라갈 수 있을 테니까요. 그래서 저는 청소년 노동 문제가 정말로 중요하다고 봅니다.

범죄 용의자를 수배하는 전단에서 경찰이 '노동자 풍의 얼굴'이라고 적어 큰 논란을 빚은 적이 있습니다. 노동자를 마치 범죄자의 전형인 양 매도한 것이지요. 노동자들이 이렇게 범죄자와 동일시될 때 노동자들이 뭉쳐서 함께 무언가를 요구하는 행동마저 조직적 범죄 행위인 양 매도하기가 더 쉬워지겠지요. 이 사건 하나만 보더라도 우리 사회가 노동자들을 어떻게 대하는지 알 수 있습니다.

영국에는 '기업 살인법'이라는 게 있다고 합니다. 반복적으로 재해가 발생해서 노동자들이 죽거나 다치는 경우, 회사에 '살인죄'를 적용해서 책임을 묻습니다. 그래서 작업 환경을 안전하게 만들어야 할 회사의 책임을 높이고, 노동자들의 안전과 권리를 보호하려는 것이지요. 우리 사회가 노동자를 대하는 태도와는 무척이나 다릅니다. 이처럼 노동자들을 잘 대접하는 사회가 되어야 청소년 노동자들의 문제도 좀 더 잘 풀릴 수 있습니다.

다섯 번째 질문은 "청소년에게 노동은 정말 유해한가?"라는 것입니다. 청소년들은 되도록 일을 안 하는 게 좋을까요? 일은 청소년에게만 위험하거나 해로운 영향을 끼칠까요? 사람들에게 일자리는 소득을 얻는 수단일 뿐 아니라 어깨를 펴고 사회 구성원으로 진입하는 길이기도 합니다. 어떤 일이든 노동을 통해 우리는 새로운 경험을 쌓게 됩니다. 그런데도 왜 청소년에게는 노동이 해롭다고 생각되는 걸까요?

저는 이 질문이 굉장히 중요하다고 생각합니다. 노동이 원래 나쁘거나 해로운 것이 아닌데, 세상 경험을 넓혀가는 기쁜 과정일 수 있는데, 노동 조건이 나쁘다면 청소년이나 성인 모두에게 유해할 텐데……. 그런데도 왜 사람들은 노동 조건을 문제 삼지 않고 청소년이 일하고 있다는 사실 자체를 문제 삼을까요? 문제의 원인을 청소년이 아니라 노동 조건에서 찾을 때, 우리는 '10대의 밑바닥 노동의 비참한 현실'이 아니라 '아름답고 다양한 10대의 노동'을 만나 볼 수 있을 겁니다.

이를 위해서는 청소년들 스스로 일을 하든 하지 않든 청소년들의 사회적 지위를 높이고 자기 권리를 정확히 아는 게 중요합니다. 또 일을 하는 청소년들은 일터에서 보장받아야 할 권리에 대해 좀 더 구체적으로 알아야 하겠지요. 무엇보다 일터에서 생기는 일을 드러내고, 사회를 향해 그 일이 왜 의미 있는 '사건'인지, 왜 진지하게 경청해야 하는지를 주장하는 일이 더 늘어나야 한다고 봐요. 시끄럽게 문제를 제기하고 환기를 시켜 주어야 비로소 변화가 시작되니까요.

청소년 노동 문제가 왜 여러분의 문제와 연결되어 있는지 실마리를 찾을 수 있었나요? 어렴풋한 느낌이라도 다가왔다면 이번 강연의 보람은 충분할 것 같습니다.

저도 알바를 몇 번 하긴 했는데, 배경내 선생님께서 예로 드신 몇 사람에 비하면 댈 것도 아니었습니다. 방학만 되면 음식점에 알바하는 친구들로 차고 넘칩니다. 뭐 먹으러 가면 인사하기 바쁘고, 집으로 배달 오는 친구도 있습니다. 청소년들이 경제적으로 자립하고 싶은 욕구가 더욱 강해지고 있으니 일하는 청소년이 늘어나는 것은 당연하다 생각합니다. 그러나, 저는 친구들 걱정이 늘어났습니다. 험한 대우 받으면, 배달차 몰다가 넘어지면 어떡하나……. 그렇다고 학교에서, 일하는 학생들을 위해 뭔가 해 주는 것은 아니지요. 아마 공부시키는 데에 눈이 멀어 보이는 게 많지 않을 겁니다. (중략) 그렇다고 넋 놓고 바라만 볼 수가 없습니다. 친구들이 걸린 문제니까요. – 풀나무

상주에 사는 우리 이종사촌 오빠는 편의점에서 시급 2,500원을 받고 일했다고 한다. 하지만 청소년인 이종사촌 오빠뿐이 아니라 성인인 이모도 같은 시급이었다고 한다. 최저임금이 안 지켜지는 것이 더 정상적인 대한민국은 정상적인 국가일까? – 준람

우리 청소년들처럼 싸게 써먹기 좋은 '알바'도 없습니다. 거기다 알바는 항상 단순 반복 노동을 합니다. 고급 기술이 필요하지 않으니 기업들이나 가게들은 임금을 싸게 주고도 쉽게 써먹을 수 있는 사람을 찾게 됩니다. 그리고 그것이 우립니다. – 쭌

일이 뭔데?
노동이 뭔데?

하종강 | '노동과 꿈' 대표

제가 볼 때 가장 큰 이유는 취직과 경쟁을 위해 억지로 하는 공부와
스스로 즐거워서 하는 공부의 차이라고 생각합니다.
다시 한 번 강조하지만, 유럽의 교육 제도가 오늘날처럼 자리 잡게 된 것은
활발한 노동 운동을 통해서 노동자들이
정당한 임금을 받게 된 것과 무관하지 않습니다.
노동 운동을 통해 노동자들이 정당한 대우를 받게 되면
교육 문제도 해결됩니다.

하종강

선생님은 30여 년 동안 줄곧 노동 상담 분야에서 일해 왔습니다. 노동자 · 청년 · 시민 · 학생들과 소통하는 노동 교육에 힘쓰고 있으며, 인터넷 사이트 '하종강의 노동과 꿈(www.hadream.com)'을 운영하면서 사람들에게 끊임없이 노동 현장의 목소리를 전하고 있습니다.

일이 뭔데?
노동이 뭔데?

'일이 뭔데? 노동이 뭔데?'가 저에게 주어진 제목이에요. 제가 천안에서도 여러분 또래의 청소년들에게 강연한 적이 있는데, 그때 학생들이 정한 강의 제목이 뭐였는지 아세요? '철수네 아버지는 똥 퍼요'였어요. 이유를 물어보니까 그 모임에 참석한 학생의 아버지 중에 실제로 화장실 정화조 청소 일을 다니시는 분이 계시다는 거예요. 그래서 중학생들이 그런 일들을 어떻게 바라봐야 하는지 얘기를 듣고 싶어서 그런 제목을 붙였다는 거죠.

'아, 이거야말로 청소년들의 상상력이다.' 하는 생각을 했어요. 저 같은 어른들은 머리가 굳어서 그런 기발한 제목을 생각해 내기 어렵거든요. 모임이 끝날 때쯤 그 학생 아버지가 직접 오셔서 함께 했는데, 정말 좋은 시간이었습니다.

우리 주변의 진짜 '지식인'들

대학을 다니던 여러분의 선배가 이름만 남은 '자격증 브로커'가 된 대학에 실망해 '오늘 나는 대학을 그만둔다. 아니, 거부한다'라는 제목의 대자보를 석 장이나 붙이고 스스로 학교를 그만둔 일이 있어요. 김예슬이란 학생인데 그가 대자보에 썼던 내용 중 일부가 다음과 같습니다.

> 그리하여 오늘 나는 대학을 그만둔다. 아니, 거부한다! 더 많이 쌓기만 하다가 내 삶이 한번 다 꽃피지도 못하고 시들어 버리기 전에. 쓸모 있는 상품으로 '간택' 되지 않고 쓸모 없는 인간의 길을 '선택' 하기 위해. 이제 나에게는 이것들을 가질 자유보다는 이것들로부터의 자유가 더 필요하다. 자유의 대가로 나는 길을 잃을 것이고 도전에 부딪힐 것이고 상처 받을 것이다. 그러나 그것만이 삶이기에, 삶의 목적인 삶 그 자체를 지금 바로 살기 위해 나는 탈주하고 저항하련다. 생각한 대로 말하고, 말한 대로 행동하고, 행동한 대로 살아 내겠다는 용기를 내련다.
>
> – 김예슬 선언 '오늘 나는 대학을 그만둔다, 아니 거부한다' 중에서

그 무렵 〈한겨레〉의 고명섭 기자는 '사르트르, 김예슬, 지식인'

이라는 제목의 칼럼을 썼어요. 사르트르는 프랑스의 훌륭한 철학자이자 문인인데 그가 프랑스 사회에서 전개했던 '지식인 논쟁'이라는 게 있어요. 지식인에 대해 정의하기를 "자신과 관계없는 문제에 상관하는 사람, 세계의 문제를 자신의 문제로 고민하는 사람, 자신의 학문적 명성을 인간의 이름으로 사회와 기존 권력을 비판하기 위해 사용하는 사람"이라고 했지요.

자신의 행복만 추구하는 것이 아니라 주변의 소외된 사람들의 문제 등에도 관심을 갖고 발언하는 사람이 지식인이라는 뜻인데 우리 사회는 이런 공감대가 상당히 부족해요. 그렇지만 우리 주변에도 잘 찾아보면 김예슬 씨처럼 사르트르가 말한 지식인 같은 사람들이 많이 있습니다.

제가 일하던 한울노동문제연구소에서 같이 일하던 변호사가 있는데요. 노동조합들이 모여 있는 민주노총이라는 단체로 가겠다고, 연구소를 그만두겠다는 거예요. 그분은 그때 신혼이었어요. 제가 알아보니까 그 노동 단체에 가면 우리 사무실에 있을 때보다 훨씬 적은 월급밖에 못 받고 일도 엄청 더 많이 해야 하는 거예요. 그 변호사가 민주노총에 좀 있다가 다른 곳으로 옮겼는데 거긴 월급이 더 적은 곳이었어요. 이 변호사는 직장을 선택할 때마다 월급이 계속 줄어든 겁니다. 그 변호사가 자전거 타고 출근하는 모습이 신문에 소개된 적도 있었어요.

그렇게 보통 사람들이 보기에는 조금 이해가 안 되는 일을 하는 변호사들이 있어요. 2009년에 용산에서 큰 사건이 일어나서 여러 사람이 죽은 거 알고 계시죠. '용산 참사'라고 부르는데 그 참사의 진상을 밝히려면 검사들이 조사한 사건 서류가 있어야 해요. 그런데 3,000쪽이나 되는 이 사건 서류를 대한민국 검찰이 공개하지 않고 있어요. 권영국 변호사란 사람이 검찰청 앞에 가서 "진상을 밝힐 수 있도록 검찰 서류를 공개하시오." 그렇게 요구하다가 연행을 당하기까지 했습니다.

변호사들이 받는 월급은 얼마나 될까요? 대법관 출신 변호사들은 8,000만 원에서 2억 원을 받는다는 신문 기사가 2006년에 있었어요. 1년 연봉이 아니고 한 달에 받는 월급이에요. 사법 연수원만 졸업한 변호사들도 큰 법률 회사에서 첫 월급을 500만 원에서 800만 원까지 받는다고 기사에 나왔는데, 지금은 좀 더 많이 올랐을 겁니다. 그런데 '월급 170만 원에도 즐거워하는 5인의 변호사'라는 제목의 신문 기사도 있었어요. 한 시민 단체에서 일하는 변호사들인데 이 사람들은 200만 원도 안 되는 월급을 받으면서도 즐거워한다는 겁니다. 얼마나 바보 같은 사람들입니까? 참 이상한 사람들이죠. 실력이 없어서 이런 선택을 했을까요? 그렇지 않습니다.

노동 단체에서 일하는 한 변호사는, 사법 연수원이라고 사법고시 합격한 사람들이 2년 동안 공부하는 교육 기관에서 차석을 했다고 알려진 사람도 있어요. 1,000명 중에 성적이 2등이었다는 뜻이지요. 많은 월급을 받을 수 있는 큰 법률 회사로 가거나 판·검사가 될 수도 있었지만 노동 단체로 자신의 일자리를 선택한 거지요. 그 사람은 자기가 원하면 출세가 보장된 사람이에요. 나중에 검찰 총장이나 법무부 장관 자리도 꿈꿀 수 있었지만 그런 선택을 한 거지요.

의사 중에도 이상윤 선생님이라고 서울대 의대를 나온 사람이 있습니다. 쌍용자동차 노동조합이 2009년에 파업했던 건 아시죠? 뉴스에도 많이 나왔지요. 1,000여 명의 노동자들이 공장 콘크리트 바닥에서 생활하면서 두 달이나 파업을 했으니, 얼마나 많은 환자가 발생했겠어요? 경찰이 진압할 때 부상당한 노동자들도 200여 명이나 되었다는데……. 그래서 보다 못해 이 의사가 쌍용자동차 정문 앞에 가서 "내가 의사로서 저 부상당한 노동자들을 진료할 수 있게 해 주시오." 이렇게 요구하다가 경찰에 연행당하기도 했습니다.

제가 전에 서울대 보건대학원에서 의사, 간호사, 약사들과 관련 전공 대학생들에게 강의할 때도 이 의사 선생님 이야기를 했어요. 그날 강의가 끝나고 나가는데 한 젊은 의사가 저한테 오더니 하는 말이 "저도 그날 쌍용차 정문 현장에 같이 있었는데요, 격렬하게 저항하다 경찰한테 사지를 들려서 50미터나 질질 끌려갔었거든요. 다음부터는 제 얘기도 좀 해 주세요"라고 웃으면서 말하더군요. 이분은 그날 이후로 빨간색 팬티를 입지 않는대요. (웃음) 경찰한테 끌

려갈 때 바지가 거의 다 벗겨져서 빨간색 팬티가 드러났는데 그 사진이 인터넷에 다 뜬 거지요. 다음날 출근하니까 그 사진을 본 간호사들이 "팬티가 아주 야하던데요"라고 놀려서 "저는 그날 이후로 흰색 면 팬티만 입어요"라고 농담을 하더라고요.

이러한 사람들에 대해서 보통 사람들은 어떤 생각을 할까요? "정신 나간 사람들이다. 뼈 빠지게 공부해서 변호사나 의사가 되었으면 세상 편하게 살고 부모한테 효도도 하고 그래야지. 일부러 그렇게 사서 고생을 하나. 참, 세상 물정을 몰라도 너무 모르는 사람들이다"라고 비웃는 사람들도 많겠지만, 저 같은 사람들은 이분들을 굉장히 존경합니다. 참 훌륭한 사람들이다. 정말 고마운 사람들이다. 그렇게 생각하지요. 제가 이런 분들 만나면 부끄럽고 할 말이 없어요. 이 사람들에 비하면 나는 세상을 너무 편하게 사는구나 싶은 생각이 들고 마치 제가 죄인처럼 느껴져서 얼굴을 들 수가 없습니다.

똑같은 사실도 관점과 철학에 따라 달리 보인다

똑같은 사실을 관점과 철학에 따라서 이렇게 달리 받아들일 수 있어요. 어떤 사람이 비웃는 사실을 어떤 사람은 존경합니다. 노동 문제를 바라보는 시각 역시 관점과 입장에 따라 극단적으로 다릅니다.

여러분 부모님 중에도 회사를 경영하는 분과 노동조합 활동을 하는 분이 있겠지요. 이분들은 노동 문제에 대해서는 굉장히 큰 생각의 차이가 있어요. 여기에 대해 얘기해 보려고 하는 게 제 강의의 큰 줄기입니다. 노동 문제에 대해 사람들이 여러 가지로 얘기하는데 어느 생각이 옳은 것일까요?

앞에서 말씀드린 변호사나 의사의 가치관은 다른 사람과 뭐가 다른 걸까요? 이 사람들이 바보는 아니잖아요. 보통 사람과 어떻게 다른 생각을 하는 걸까요? 한 가지만 말씀드리면, 이 사람들은 사회 문제를 개인의 차원이 아니라 사회 전체의 구조 속에서 본다는 거지요.

부모가 해 주는 따뜻한 밥 먹고도 입학하기 어려운 서울대학교를, 소년 소녀 가장이 틈틈이 공부해서 합격했다는 기사를 가끔 볼 수 있지요? 참 훌륭한 학생이에요. 그런데 이런 기사를 볼 때 다른 사람이라면 몰라도 최소한 여기 모인 청소년이라면 어떤 생각을 또 해 봐야 할까요? 그렇게 성공할 수 없는 소년 소녀 가장이 우리 사회에 수만 명이 있다는 거지요.

평범한 소년 소녀 가장의 행복은 어떻게 해야 이루어질 수 있을까요? "열심히 노력해서 성공해라!" 이렇게 가르치는 것도 중요하지만, 제가 볼 때에는 그렇게 뛰어난 능력이 없는 보통 소년 소녀 가장도 행복하게 살 수 있는 사회로 바꿔 가는 일도 중요하다는 거예요. 제가 볼 때는 이게 훨씬 더 중요해요. 개인적으로 성공해 출세한 사람보다 더 훌륭한 사람은 다 같이 행복하게 살 수 있는 사회로 바꾸는 일을 하는 사람들입니다.

2001년 프로 야구 개막 경기의 시구 행사는 상당히 감동적이었어요. 장애인 소년이 미국에 입양됐다가 귀국해서 의족을 착용하고 시구를 했어요. 다음날 언론은 '세상에서 가장 아름다운 시구'라는 제목으로 기사를 냈지요. 그런데 그 무렵에 한 어머니가 친자식인 장애인 딸을 목 졸라 살해하고 구속되는 사건이 벌어졌어요.

며칠 뒤에 저명인사가 신문에 칼럼을 썼어요. 그 내용이 이런 거예요. "미국 사람은 다른 나라 장애인을 데려다가 훌륭하게 키워주는데, 한국 사람은 친자식을 장애인이라고 살해했으니 이렇게 부끄러운 일이 있을 수 있는가?" 이 칼럼 내용의 문제점은 뭘까요? 뭔가 아쉬운 느낌 같은 거 없어요?

제가 조금 전에 말씀드린 '소년 소녀 가장 서울대 합격하다'라는 기사와 관련해서 한번 생각해 보세요. 여러분이 이 사건에 대해 글을 쓴다면 뒤에 뭔가 몇 줄 더 쓰고 싶지 않아요? 어떤 내용을 덧붙여야 할까요?

자식을 살해한 그 엄마는 물론 잘못했지만 오죽하면 자기 자식을 죽였겠어요. 그 엄마가 잘못했다고 비난만 할 게 아니라 우리 사회가 장애인들이 살아가기에 얼마나 어려운 사회인가 하는 문제도 함께 얘기해야 하지 않을까요?

몇 해 전 어떤 나라에서 "휠체어 타는 한국인 유학생을 위해서 대학 건물을 다 뜯어고쳤다"라는 뉴스가 있었어요. 한국 언론들은 그 일을 보도하면서 어디에 초점을 맞췄느냐면 "그 유학생이 참 대단한 일을 해냈다. 미래 사회의 지도자감이다." 이런 식으로 기사를 썼어요. 그런데 저 같은 사람들이 본 것은, 그 나라는 외국인 장애인 유학생 한 사람을 위해서 건물을 다 뜯어고치는 것이 가능한 사회라는 겁니다.

그 무렵 우리나라에서는 수도권의 한 대학교에서 성적이 우수한 학생을 휠체어 탄 장애인이라는 이유로 면접시험에서 탈락시켰어요. 가족들이 언론사에 찾아가 호소해 세상에 알려지고 여론이 그 대학을 비난하니까 그 대학 당국에서는 할 수 없이 학생과 부모를 부르더니 각서를 쓰라고 요구했어요. 각서 내용이 뭐였을까요? "이 대학을 다니는 동안 어떤 불편도 감수하겠으며 어떤 시설 개선 요구도 하지 않겠습니다"라는 각서를 쓰고 나서야 학생의 입학이 결정됐어요.

양쪽 사회를 비교해 보면 얼마나 큰 차이가 있어요? 장애인 학생 한 명을 위해서 건물을 다 뜯어고치는 사회가 있는가 하면, 그런 요구를 절대 하지 않겠다는 각서를 써야 입학을 시켜 주는 사회도 있어요. 그러니 이런 문제가 터졌을 때 신문에 칼럼을 쓰는 지도층 인사라면 우리 사회가 장애인이 살아가기에 얼마나 불편한 사회이고 개선할 점이 많은지 설명했어야 하지 않나 하는 생각이 드는 겁니다.

사회 문제를 이렇게 전체 구조적 관점으로 볼 필요가 있다고 봐요. 한국 사회에서는 이런 철학이나 관점이 너무 희박해요. 혹시 이블린 글레니라는 여성을 아세요? 지하철역에 보면 감동적인 이야기가 담긴 액자들이 있잖아요. 거기에도 소개되어 있습니다. 청각 장애인 음악가예요. 몇십 년 동안 초인적 노력을 한 끝에 세계적인 음악가로서 성공했지요. 전 세계를 다니며 공연을 하는데 한국에도 왔었어요. 이 사람은 연주할 때 무대에 맨발로 올라갑니다. 왜 그럴까요? 바닥의 진동을 통해서 소리를 듣기 위해서지요. 그러니 얼마나 훌륭한 사람이에요.

그렇지만 장애인 중에서 이렇게 초인적 의지로 성공할 수 있는 사람은 극소수에 불과합니다. 몇만 명 중에 한 명 정도밖에 안 됩니다. 그러니까 열심히 노력해서 성공하는 것도 당연히 훌륭하고 중요하지만 그에 못지않게 중요한 일이 뭐냐면, 그런 뛰어난 능력이 없는 보통 장애인도 인간답게 살 수 있는 사회로 만들어 가야 한다는 거예요. 그런 법과 제도를 만들고자 활동하는 사람이 반드시 필요하다는 거지요.

김연아나 박지성 선수와 같은 삶과 앞서 말씀드린 의사나 변호사

같은 삶 중에서 어느 쪽이 더 훌륭하다고 잘라 말할 수는 없지만 제가 볼 때 약간의 차이가 있어요. 김연아 선수 같은 선택을 한 경우는 주로 자신과의 싸움이에요. 그리고 열심히 노력할수록 그 노력에 비례해서 세속적 부귀와 행복이 보장되지요. 좋은 집에서 살 수 있고 명예도 얻을 수 있고 명품 옷도 입을 수 있겠지요.

앞에서 말씀드린 의사나 변호사와 같은 선택을 한 사람들은 거대한 권력과 맞서 싸워야 한다는 특징이 있어요. 열심히 활동할수록 세속적 행복과는 멀어지지요. 이를테면 열심히 활동하면 할수록 감옥 갈 확률이 점점 높아져요. 이렇게 자신을 희생하고 사회 전체의 변화를 위한 삶을 선택한 사람들이 없었다면, 오늘날 지하철역마다 설치된 각종 장애인용 시설은 보기 힘들 거예요. 구조적 관점으로 사회를 본다는 건 이런 겁니다.

개인의 노력으로 해결할 수 없는 문제는 어떻게 해야 할까?

그런데 이렇게 구조적 관점을 강조하는 입장에 대해 강력한 반론이 있어요. 자본주의 사회에서 어릴 때부터 우리가 훈련받은 이데올로기인데, 예를 들면 이런 겁니다.

“각자 자신의 이기적 이익을 위해 최선을 다하는 것이 전체에 가장 유익한 결과를 가져온다. 그러니까 주변 문제에 쓸데없이 관심 갖지 말고, 학생은 시키는 대로 열심히 공부하고, 노동자들은 직장에서 열심히 일하고, 각자 자신의 이기적인 이익을 위해 열심히 노력하면 ‘보이지 않는 손’이 적절히 다 조율해서 최선의 결과를 가져다준다.”

바로 ‘자유 경쟁’ 사상인데 누가 얘기했나요? 애덤 스미스가『국부론』에서 이야기했죠. 그런데 애덤 스미스가『국부론』에서 주목한 사실이 있어요.『국부론』 1권 11장에 나옵니다.

“사회를 지배하는 신흥 자본가 계급이 제안하는 상업적 법률과 규제들에 대해서는 항상 경계심을 가져야 하며 오랫동안 신중히 검토한 뒤 선택해야 한다. 왜냐하면 그들의 이익은 공동의 이익과 결코 정확히 일치하지 아니하며 심지어 사회를 기만하고 억압하는 것이 그들의 이익이 되기 때문이다.”

애덤 스미스가『국부론』을 쓸 때 이미, 다른 사람보다 많은 것을 가진 기득권 세력이 자신들의 이기적인 이익을 추구하는 것은 결코 사회 전체의 이익과 일치하지 않는다고 누누이 지적했어요. 심지어는 이들 신흥 자본가 계급은 “도저히 인류의 지도자가 아니며 또 그렇게 되어서도 안 된다"라고까지 했습니다. 이것이 당시 『국부론』을 지지했던 신흥 자본가 계급에 대한 애덤 스미스의 생각이었던 거죠.

사회를 지배하는 세력은 자신들의 이익을 위해서 진실을 왜곡하는 현상이 있어요. 애덤 스미스가 이야기한 자유 경쟁 사상조차 지배 세력은 자신들의 이익을 위해서 불리한 내용은 쏙 빼 버린 채 변형시켜 세상에 널리 알린 겁니다.

개인의 노력으로 해결할 수 없는 문제는 어떻게 해야 할까요? 사회 구조 곧, 법과 제도를 개선함으로써 해결할 수밖에 없죠. 촛불 집회에 많은 사람이 나온 이유가 그거예요. '아니, 먹고살기도 바쁜 세상에 왜 한가하게 이런 데 나와서 난리야!' 이렇게 볼 건 아니라는 거죠. 법과 제도를 바꿔서 사회 전체를 구조적으로 변화시켜야 해결되는 문제가 있어요. 개인적인 성실함만으로는 해결이 안 되는 문제가 많아요.

노동자 개인의 노력으로 해결할 수 없는 문제들을 노사 관계나 사회의 구조 곧, 노동법 등을 개선하고 바꿈으로써 해결하는 것이 바로 노동 운동입니다. 노동자가 직장 생활을 아무리 성실하게 해도 해결되지 않는 문제들이 있어요. 그런 건 노동조합들이 나서서 법도 바꾸고 회사 규칙도 개정하고 회사와 새로운 단체 협약도 체결하면서 해결하는 거죠.

청소년과 노동 문제가 무슨 상관이지?

제가 아는 여자 후배 한 사람이 아이를 어린이집에 보내야 하는데 영어를 가르치지 않는 어린이집을 못 찾았다는 거예요. 어린이집, 유치원, 학원……. 이런 곳에서 서너 살 때부터 영어를 막 외우게 한다는 거예요. 그러한 교육이 과연 그 학생에게, 또 우리 사회 전체에 유익할까요?

독일서 살다 온 사람에게 들었는데, 아이가 자라서 취학 통지서라는 걸 받잖아요, 거기 이렇게 쓰여 있더래요. "귀댁의 자녀가 입학 전에 글자를 깨우치면 교육 과정에서 불이익을 받을 수 있습니다." 깜짝 놀랐다는 거지요. 그래도 그 사람은 아이가 아무것도 모르고 학교에 들어가는 게 걱정이 돼서 더하기, 빼기 등 간단한 산수와 알파벳을 가르쳐서 보냈대요. 그랬더니 담임선생님이 전화를 하셨더래요. "왜 그랬냐? 만일 그 아이만 수업 시간에 집중이 안 되고 주의가 산만하고 성격 형성에 지장이 생기면 책임질 수 있느냐?"고 주의를 주더라는 거죠.

프랑스에는 학교 들어가기 전 아이들에게 학원이나 유치원에서 알파벳을 가르치면 위법 행위로 처벌하는 규정이 있다는군요. 프랑스에서 자녀를 교육시킨 선배 얘기를 들어보니까 유치원 다니는 몇 년 동안 아이들이 계속 즐겁게 놀았답니다. 글자는 한 자도 안 배운 채 노래 부르고 그림 그리면서 즐겁게 놀더랍니다. 그렇게 교육을 시킨 나라의 학생이 다른 나라 학생보다 세상을 살아가거나 사물을 보고 생각하는 능력이 떨어질까요? 그렇지 않다는 거거든요. 학력도 우수하고 보람 있고 행복하게 산다는 거예요.

요즘 핀란드 교육이 상당히 주목을 받고 있는데, 핀란드 종합 학교는 12년 동안 등수를 매기는 시험은 한 번도 안 봅니다. 한 TV 방송에서 핀란드 교육을 특집으로 보도하는 것을 본 적이 있는데, 시험을 보는 도중에 선생님이 계속 틀린 부분을 가르쳐 줘요. "이 답 틀렸다. 이렇게 풀어야 한다." 그렇게요. 한국에서 이민 간 학생이 있었는데 핀란드어 실력이 모자라니까 많이 틀렸을 거 아니에요. 그 학생이 답안지를 내고 나가는데 선생님이 불렀어요. "너 이 문제들 틀렸으니까 이렇게 다시 풀어 봐." 설명하며 답안지를 내줍니다. 그 학생은 머리를 긁더니 다시 답안지를 받고 돌아가 자리에 앉아 열심히 풀었어요.

선생님이 시험 문제의 답을 가르쳐 주는데도 다른 학생들이 문제를 제기하지 않아요. 왜 그럴까요? 등수 개념이 없으니까요. 그래서 "누가 성적 1등이냐?" 물어보면 "그게 무슨 말이에요?"라고 오히려 되묻는다고 해요. 그 나라 교육에는 1등, 2등 이런 개념이 아예 없는 거죠.

핀란드의 선생님들 생각은 이런 거예요. "이 학생은 노래를 잘하고, 이 학생은 수영을 잘하고, 이 학생은 수학을 잘하고, 이 학생은 마음이 가장 정의롭고, 이 학생은 불행한 이웃에 대한 관심이 가장 많습니다. 이걸 어떻게 비교합니까? 이걸 어떻게 점수를 매깁니까?"

그런데 학생들은 왜 공부할까요? 공부가 좋으니까요. 깨우치며 익히는 기쁨 때문이지요. 『논어』에 이런 말이 나옵니다. "배우고 때로 익히면 또한 즐겁지 아니한가." 남보다 잘해서가 아니라 학문 그 자체에 기쁨이 있다는 거지요. 그렇게 공부해야 진짜 학문이지 취직하기 위해서, 경쟁에 이기기 위해서 공부하는 건 사실 학문이 아니잖아요. 혹시 학생 중에 "야, 나는 인수 분해가 정말 사랑스럽더라. 그래서 자꾸자꾸 문제를 풀고 싶더라." 그런 학생들 있나요? 드물게 있어요. 그런 학생들이 학문에 뜻을 두고 대학에 가는 거예요. 그러면 누가 시키지 않아도 공부를 열심히, 즐겁게 할 수 있지요.

그런데 학생 중에 보면 "나는 절대로 공부가 안 좋아지더라, 난 죽어도 공부가 싫더라." 그런 학생들이 있어요. 이런 학생들이 공부하지 않고도 행복하게 살 수 있는 나라가 있을까요? 실제로 있습니다. 한 일간지의 네덜란드 교육 특집 기사를 보니까 이런 내용이 나와요. 중학생한테 장래 희망이 뭐냐고 물어보니까 벽돌공이라는 거예요. "벽돌공이 일하는 걸 가서 봤는데요. 하루 종일 음악을 크게 들으면서 일할 수 있더라고요. 나는 음악을 좋아하거든요. 벽돌공이 돼서 평생 음악 들으며 행복하게 살 겁니다." 그것이 이유라는 거예요.

그 꿈이 충분히 실현 가능한 이유는 뭘까요? 벽돌공 수입이 대학 교수와 비슷하기 때문이지요. 직종 간 임금 격차가 없고 비정규직 차별이 없으니 그야말로 직업에 귀천이 없는 겁니다. 그러니까 학문에 뜻이 없으면서도 취직 때문에 억지로 대학에 가는 일이 없습니다.

그래서 핀란드에서는 대학뿐 아니라 대학원 학비까지 모두 정부에서 내주지만 너도나도 대학에 가는 일은 벌어지지 않지요. 결국 노동자 권리가 제대로 보장되니까 교육 문제도 해결된 겁니다.

김연아나 박태환 선수가 공부 잘해서 성공한 건 아니잖아요. '개그 콘서트'라는, 일요일 날 하는 TV 프로그램 있죠. 거기 '봉숭아 학당' 코너 맨 마지막에 '왕비호'라는 캐릭터가 나왔잖아요, 연예인들 앉혀 놓고 놀리는 얘기 많이 하는. 한번은 10대 아이돌 스타들이 나와 앉았는데 대놓고 물어보더라고요. "야, 너희 인수분해는 할 줄 아느냐? 학교는 다니느냐?" 그거 못 한다고 칩시다. 그래도 행복하잖아요. 그런데 우리나라에서는 공부 잘하지 않고도 불행해지지 않으려면 김연아나 박태환이나 아이돌 가수들처럼 그 분야의 일인자가 돼야 해요.

그렇지만 유럽의 스웨덴, 핀란드, 네덜란드 이런 나라에서는 공부 잘하지 않고 그 분야의 일인자가 되지 않아도 행복하게 살 수 있어요. 예를 들어, 수영을 좋아한다면 정부나 지방 자치 단체 또는 기업에서 설치한 수많은 체육 시설이 곳곳에 있는데(이런 걸 '사회적 기업'이라고 합니다.), 그곳에서 평생 다른 사람들에게 수영을 가르치며 살 수 있어요. 수영 코치 월급이 대학교수 월급과 큰 차이가 없어요. 충분히 행복하게 살 수 있는 거지요.

제가 아는 치과 의사가 스웨덴에 가서 2년 공부하고 왔는데 이런 얘길 하는 거예요. "스웨덴에 가니까 경력이 조금 오래된 노동자랑 치과 의사 월급이 비슷해." 그게 당연한 거지요. 어떤 사람이 한 분야에서 기술자로 10여 년 일했으면 그 분야에서는 최고 권위자니까 대학교수나 의사만큼 월급 받는 게 그 사회에서는 그다지 이상한 게 아니지요.

한국 사람이 가장 좋아하는 네덜란드 사람이 누구예요. 농담으로 서울시장 후보로까지 얘기됐던 히딩크 감독입니다. 그 사람도 대학 안 갔어요. 그런데 얼마나 행복하게 살아요.

핀란드 교육은 한마디로 극단적인 평준화예요. 도심지 학교나 산간벽지 학교나 시설, 교사 수준, 교육 내용 등이 모두 평준화돼 있어서 차이가 거의 없어요. 바꿔 말하면, 부자 동네에 태어나서 부자 학교에 다녔다는 이유로 다른 사람보다 유리할 수 있는 조건을 모두 없애버렸다는 이야깁니다. 그런데 그렇게 경쟁시키지 않으면서 교육하는 나라 학생들의 학력이 한국 학생들보다 우수하다는 거지요.

특히 대학생 학력은 엄청나게 차이가 많이 납니다. 우리나라 중·고등 학생들 학력은 매우 우수한 편이에요. 그런데 대학에 들어가는 순간 세계 최저 수준으로 전락합니다. 120여 개 나라 대학을 비교하면 한국 대학생들 실력이 100위쯤 된대요. 150여 개 나라 대학을 비교할 때는 120위쯤 되고요. 왜 그럴까요? 고등학교까지는 세계 수준이던 실력이 왜 대학에 들어가는 순간 최저 수준으로 떨어질까요?

제가 볼 때 가장 큰 이유는 취직과 경쟁을 위해 억지로 하는 공부와 스스로 즐거워서 하는 공부의 차이라고 생각합니다. 다시 한 번 강조하지만, 유럽의 교육 제도가 오늘날처럼 자리 잡게 된 것은 활발한 노동 운동을 통해서 노동자들이 정당한 임금을 받게 된 것과 무관하지 않습니다. 노동 운동을 통해 노동자들이 정당한 대우를 받게 되면 교육 문제도 해결됩니다.

노동자와 근로자, 어느 게 더 정확한 말일까?

착하고 성실한 대학생이나 직장인 중에도 사회 구조를 변화시키는 일에는 관심을 갖지 않는 경우가 많아요. 대다수가 그런 활동에 참여하고, 소수의 이기적 사람들만 관심이 없어야 정상인데, 우리 사회는 소수만 사회 문제에 참여하고, 대다수는 눈앞의 일에만 열중하지요.

‘여성의 권리가 신장돼야 한다.’ 이러한 주장에 반대하는 사람은 거의 없어요. 저도 제대로 실천하지는 못하지만 동의해요. 여자를 무시하는 남자들도 공개적으로 반대하진 못해요. 실천 못 하면서도 동의하는 척은 하지요. 마찬가지로 ‘장애인의 권리가 확대돼야 한다.’ 이러한 주장에 아무도 반대하지 않습니다. ‘노인의 복지는 향상돼야 한다.’ 사람들이 대부분 그렇게 생각해요. 즉 사회적 약자인 여성, 장애인, 노인들의 권리가 점점 확대되는 것이 사회가 발전하는 방향이라고 생각해요.

그렇다면, 이런 생각을 한번 해 봅시다. 우리 자본주의 사회에 대표적인 약자들이 있어요. 개인적으로는 아무리 힘이 세다고 해도 회사에 취업하는 순간, 직장 상사 앞에서는 정말 약한 존재가 돼요. 직장 상사는 키가 작고, 신입 사원은 180센티미터가 넘는다고 해도 상사 말 한마디에 꼼짝 못하고 시키는 대로 해요. 이게 바로 ‘사회적 약자’라는 거예요. 개인적으로 아무리 힘이 세도 사회 구조적으로 약한 거죠.

기업에 고용돼 일하는 노동자들이 바로 자본주의 사회에서는 대표적인 약자인 거죠. 그런데 우리 사회에서 그러한 노동자들의 권리가 확대되는 것이 사회 전체에 유익하고 사회가 발전하는 방향이라고 생각하나요? 그렇게 생각하는 사람들은 별로 많지 않습니다. 우리 사회에는 자기 권리를 주장하며 파업하는 노동자들에 대해서는 강경하게 진압해야 한다는 정서가 있어요.

노동자들이 임금을 조금씩 줄여야 우리 경제가 유익해진다. 사람들이 그렇게 착각하고 있어요. 노동자들이 임금 인상을 바라는 순간, 사람들은 머릿속으로 그러한 요구가 우리 사회에 해로운 영향을 미친다고 생각해 버리는 거죠. 직장 생활하는 노동자들이 자신의 이기적인 행복을 추구하는 것을 범죄 행위처럼 취급하는 정서가 한국 사회에 있어요.

지난번 촛불 집회 때 한 여학생의 머리를 경찰이 군홧발로 계속 짓밟는 동영상이 인터넷에 올라와서 난리가 난 적이 있었어요. 며칠 뒤, 경찰 간부가 그 일에 대해 해명하는 기자 회견을 하고 있는데, 한 기자가 그 간부한테 이렇게 물어봅니다. "과거 노조들이 하던 전투적 집회도 아닌데 왜 폭력으로 진압한 겁니까?" 그런 질문을 하는 기자의 머릿속에 어떤 생각이 있다는 뜻인가요? 노동자들의 집회는 폭력으로 진압해도 괜찮다는 전제가 있는 거지요.

노동 운동에 대한 이런 시각이 정상적인 것일까요? 다른 나라는 어떨까요? 노동자들의 파업에 대해 유럽 선진국 사람들은 어떤 시각을 가지고 있을까요?

〈빌리 엘리어트〉란 영국 영화를 보면 파업 중인 광부가 아들을 데리고 런던에 있는 왕립 발레 학교에 면접시험을 치르는 장면이 있어요. 면접이 다 끝나고 영국 왕립 발레 학교 교장 선생님은 광부 아버지에게 “파업에서 꼭 승리하세요”라는 인사말을 합니다. 우리나라 교장 선생님 중에서 과연 몇 분이 그런 인사를 할 수 있을까요? 예를 들어 철도 노조 조합원이 파업을 하던 중에 학교에서 중요한 학부모 회의가 열려 참석했다고 칩시다. 회의가 끝나고 나서 그 학교 교장 선생님이 “철도 노조 파업하다 오셨지요? 이번 파업 투쟁에서 꼭 승리하십시오.” 이렇게 인사하는 겁니다. 거의 불가능한 일이죠.

미국 사회는 종종 유럽 사람들로부터 비웃음의 대상이 되곤 합니다. 프랑스 배우 줄리 델피가 출연하고 감독도 맡은 영화 〈뉴욕에서 온 남자, 파리에서 온 여자 2 Days in Paris〉에는 다음과 같은 장면이 나옵니다. 집에 늦게 들어온 딸에게 엄마가 이유를 묻자, 딸이 “데모 때문에 차 막히고 난리 났어요”라며 짜증을 냅니다. 그 말을 들은 엄마는 딸에게 이렇게 타이릅니다. “불쌍한 간호사들이 파업도 못 하니? 여기는 미국이 아니야.” 파업하는 노동자들을 비난하는 것은 ‘천박한 자본주의’ 미국에서나 하는 교양 없는 짓이라는 은근한 비난이 그 짧은 대사 속에 담겨 있습니다. 노동 운동을 이해하지 못하면 무식한 사람처럼 취급당하는 정서가 있다는 거죠.

그런데 유럽 사람들로부터 '천박한 자본주의'라고 무시당하는 미국 사회에서도 노동조합을 바라보는 시각이 우리처럼 편협하지는 않아요. 미국 할리우드의 작가 노조가 파업을 한 적이 있었는데 이때 골든글러브 시상식이 취소돼 버렸어요. 작가 노조의 파업을 지원하느라고 영화배우들이 영화제 시상식에 단 한 명도 참석하지 않은 겁니다. 〈프리즌 브레이크〉라는 미국 드라마의 주인공을 맡아서 유명해진 웬트워스 밀러란 배우는 "나는 작가들을 지지합니다. 그들은 창작 작업을 함께하는 형제·자매고 그들이 만드는 대사와 각본이 없다면 배우는 아무것도 아닙니다"라는 내용의 성명을 발표하기까지 했어요.

이런 일이 우리나라에서는 거의 불가능해요. 우리나라 방송 작가들이 파업을 벌였더니 유명한 영화배우와 탤런트들이 작가 노조의 파업을 지원하느라고 연말 시상식에 한 명도 참석하지 않더라, 장동건이 작가들의 파업을 지지한다고 성명을 발표하더라……. 우리 사회에서는 생각하기 어려운 일들입니다. 그렇지만 유럽 사람들로부터 '천박한 자본주의'라고 무시당하는 미국에서도 그런 일이 충분히 가능하거든요.

미국 만화 영화 〈슈렉 2〉를 보면 마녀가 사는 성의 정문을 지키는 경비가 주인공들을 건물에 들여보내지 않다가 "사실은 마법 노동자 노조에서 나왔다"고 하니까 들여보내 주는 장면이 나옵니다. 정문 경비가 노동조합에 대해서 상당히 호의적 반응을 보인다는 것을 알 수 있지요. 우리 사회에선 그 반대예요.

저는 노동조합 찾아다니는 것이 일인데요. 제가 노동조합을 방문하려고 회사 경비실 직원이나 안내하는 사람에게 "노동조합 찾아왔습니다." 그렇게 말하면 대개 얼굴에서 웃음이 싹 가시면서 불친절해지고 쌀쌀맞아집니다. 회사 경비나 안내하는 직원도 노동자인데 노동조합을 부정적으로 보는 거지요.

한국처럼 '노동자'란 단어를 부정적으로 인식하는 나라는 별로 없습니다. 학원 선생님 일을 하는 후배가 중학생들에게 물어봤대요. "너희 왜 이렇게 열심히 공부하느냐?" 그랬더니 "나중에 노동자 될까 봐요"라고 답하더랍니다. 한국 사회에서는 노동자란 말을 이렇게 안 좋은 뜻으로 사용합니다.

제가 한 국책 은행에 신입 사원 교육을 간 적이 있어요. 흔히 '신이 내린 직장'이라고 부르는 곳이지요. 스물네 명을 채용했더군요. 경쟁률이 수백 대 일이었대요. 그건 그 분야에서 가장 똑똑한 순서로 24명 뽑았다는 거나 마찬가지예요. 가서 보니까 '공부 잘했음' 하고 얼굴에 새겨져 있는 거예요. 강의가 끝나고 한 신입 사원이 와서 "근로자란 말도 있는데 왜 강의할 때 계속 노동자란 말만 사용합니까?"라고 따지는 거예요. 대한민국 최고의 엘리트라고 자부하는 사람들 앞에서 계속 '노동자'라고 했더니 그 말이 거슬린 거지요. 여러분, 근로자와 노동자 중에서 어느 것이 더 정확한 용어일까요?

사전을 한 번만 찾아보면 쉽게 알 수 있습니다. '근로자'는 노동법에서 주로 사용되는 좁은 의미의 단어로서 "임금을 목적으로 고용되어 일하는 사람"이라는 뜻이 있어요. 반면에 '노동자'는 더욱 넓은 뜻이 있어요. 사전에서 '노동자' 항목을 찾아보면 노동법상의 근로자 의미를 포함하는 것은 물론 "자본주의 발생과 더불어……." 하고 시작하는 긴 설명이 나와요.

그런데 '근로자' 그러면 '시키는 대로 열심히 일하는 사람'이라는 느낌이 들고, '노동자'라고 할 때에는 계급적 성격이 좀 있어서 '자기 권리를 주장하는 사람' 이런 느낌이 드니까, 기득권 세력에 의해 노동자란 단어가 계속 배격당하는 거예요. 참 이상한 것은 정부에서도 중요한 곳에는 주로 '노동'이란 단어를 사용합니다. 행정부 명칭이 '고용노동부' 잖아요. '고용근로부'라고 하지 않잖아요. 정부 산하 기관의 이름들을 보세요. 대부분 '노동'이란 단어를 사용합니다. 한국노동연구원, 중앙노동위원회, 노동행정연수원……. 이렇게요. 노동이란 단어를 꺼릴 필요가 없다는 거죠.

더 바람직한 사회란 어떤 것일까?

영화 이야기를 하나 더 할게요. 캐나다 영화 〈대단한 유혹〉에는 실업자가 된 120명의 노동자와 가족들이 8년 동안 한 섬에서 살아가는 얘기가 나옵니다. 의사를 구하려고 백방으로 노력하지만 외딴 섬이라 오려는 의사가 없는 거예요. 그런데 도시에서 과속 운전으로 교통경찰에게 걸렸다가 마약을 소지한 것을 들킨 한 의사가 그 섬에 와서 한 달 동안 살게 됩니다. 우리나라의 사회봉사 명령과 비슷한 제도겠죠.

섬사람들은 한 달 동안 의사를 설득하려고 지혜를 모아요. 한 달 뒤에도 계속 살도록 하려는 거죠. 마을을 깨끗하게 청소하고, 의사가 다니는 길목에 돈을 흘려 놓아 의사가 주워 가지도록 하고, 의사가 낚시를 하면 잠수부가 바다에 들어가 낚시에 생선을 계속 매달아 주기도 하고 그래요. 한 달이 지나고 나서 의사는 섬사람들이 온통 자기를 속였다는 것을 알고 분노해요. 그래서 섬을 떠나려고 할 때 그 마을 촌장이 의사를 설득하는 장면이 있어요. 의사에게 다음과 같이 말합니다.

"우리는 8년 동안 매달 복지 수표나 바라며 줄을 서 왔어. 자네는 복지 수표를 받기 위해 줄 서 본 적이 있나? 자네는 돈도 벌어야겠지만 부끄러움도 벌어 봐야 해. 의사가 없으면 마을도 아니다 그거지. 우리가 의사 한 사람 구해 보자고 이러는 게 아니네. 마을 사람 120명의 생명을 구하려는 거라고.”

의사가 결국 그 말에 감복해 섬에 주민으로 남게 됩니다. 이 영화에 나오는 사회와 우리 사회의 다른 점이 무엇일까요? 명백히 다른 점이 하나 있어요. 한 마을 120명의 노동자와 그 가족들이 8년 동안 아무 직업도 없었는데도 한 명도 죽지 않고 먹고살았다는 거예요. 국가가 이들의 생존권을 완벽하게 보호해 줬어요. 자녀 교육에 전혀 지장이 없었고, 살던 집에서 쫓겨나지도 않았고, 단전·단수도 안 됐고, 아플 때는 치료 받았어요. 우리 사회에서는 불가능한 일이지요. 만약 우리나라 어떤 마을에서 120명의 노동자와 그 가족들이 8년 동안 아무 직업도 없이 살았다면 아마 그중 10명은 죽었을 거예요.

제가 사는 곳에서 멀지 않은 동네에서 몇 년 전에 벌어진 사건인데요. 한 엄마가 생활고를 견디다 못해 아이들 셋을 데리고 고층 아파트 15층에 올라가서 아이들을 모두 던져 버리고 엄마까지 떨어져서 죽은 사건이 있었어요. 큰아이 나이가 일곱 살이었어요. 죽음에 대한 공포가 있는 나이잖아요. 얼마나 무서웠겠어요. “엄마, 너무 무서워. 제발 죽이지 마!” 애원하며 매달렸어요.

복도가 시끄러우니까 같은 아파트 주민이 내다봤대요. 아이가 “아줌마, 엄마가 우릴 다 죽이려는 것 같아요. 제발 좀 말려 주세요.” 호소했지만 ‘설마 진짜 죽이기야 하려고……. 야단이나 치는 거겠지.’ 하는 생각으로 그냥 들어가 버렸다는 거예요. 결국 큰애와 둘째 애는 던져 버리고 막내는 엄마가 품에 안고 뛰어내려서 네 명이 모두 죽었어요.

여러분 나이 또래의 소년 소녀 가장들이 전기료 못 내서 단전되는 바람에 촛불을 켜 놓고 살다가 불이 나서 죽는 사건이 발생하기도 했잖아요.

캐나다 같은 나라에서 실직한 노동자와 가족들이 8년 동안 살아갈 수 있는 재원은 어떻게 마련했을까요? 한마디로 부자들의 주머니에서 나온 거지요. 이런 나라들은 소득에 따라 매우 높은 세금을 부과해요. 핀란드의 부자들은 수입의 60%까지, 스웨덴에서는 85%까지 세금으로 내요. 부자들은 그렇게 세금을 많이 내도 여전히 부자예요. 이런 나라들은 기업 경영이 투명해지고 경쟁력이 높아지면서 결국 높은 세금이 나라 경제에 유익한 영향을 미쳤어요. 그룹 회장님만 조금 불편할 뿐이지요. 그걸 가능하게 한 법들은 대부분 그 나라 노동조합이 중심이 돼서 만든 겁니다.

10년 전쯤, 핀란드의 노키아라는 회사 부회장이 오토바이를 타고 가다가 과속으로 걸렸는데 범칙금을 1억 3,000만 원이나 냈어요. 얼마 전 스위스에서는 한 부자가 스포츠카를 타고 가다가 과속으로 걸려서 3억 2,000만 원의 벌금을 내기도 했어요. 재산과 수입에 비례해서 벌금을 부과하는 법이 있기 때문이죠. 참 이상한 나라죠?

그 나라 사람들이 우리나라를 볼 때는 또 얼마나 이상하겠어요. "대한민국이라는 나라에서는 벌금으로 한 달에 수천만 원 버는 사람도 3만 원 내고 한 달에 100만 원 겨우 버는 노동자도 똑같이 3만 원씩 낸대. 아니 세상에 그런 불공평한 나라가 다 있어!"

어느 사회가 바람직한 사회일 것 같습니까? 저는 재산과 수입에 비례해서 벌금을 많이 내는 나라가 바람직하고 정상적인 사회라고 봐요.

지금 우리나라는 부자 감세, 빈자 증세로 가고 있어요. 무슨 말이냐면 정부가 부자들 세금을 줄여 주다 보니까 나라의 재정이 모자라잖아요. 그래서 가난한 서민들로부터는 세금을 더 많이 걷게 되는, 결국 다른 나라들과는 반대 방향으로 가고 있다는 거죠.

실직한 노동자 등 사회적 약자들도 인간답게 살 수 있게 하는 사회 복지 제도를 '사회 안전망'이라고 해요. 사회 안전망이 취약한 한국 사회의 비정규직, 정리 해고자들은 다른 나라 노동자들과 놓인 상황이 많이 다릅니다. 사회 안전망이 잘 마련된 나라들과 달리 우리 사회에서는 해고되면 대책이 거의 없습니다. 그래서 해고된 노동자들이 격렬하게 싸울 수밖에 없는 거죠.

2009년 천여 명의 쌍용자동차 노동자들이 77일 동안 싸운 끝에 회사와 협약을 맺고 파업을 끝냈어요. 그 협약서에 보면 노동조합이 설립된 뒤 차곡차곡 쌓아 왔던 모든 복리 후생들 즉 상여금, 휴가 수당, 추석 선물 등을 모두 포기하고 자녀 학자금 조항 하나만 남겨 뒀어요. 아이들 등록금만은 절대 포기할 수 없었던 거죠. 자녀 교육이 얼마나 걱정됐으면 그랬겠어요. 핀란드처럼 대학원 학비까지 정부가 지원하면 해고된 노동자들이 그렇게 격렬하게 안 싸워요. 저 같은 사람들이 가서 아무리 선동해도 노동자들이 싸우지 않죠.

다른 선진국들에서는 사회 안전망을 어떻게 만들었을까요? 부자와 정치인들의 배려가 아니라 활발한 노동 운동의 결과였습니다. 그 나라 부유층이 "자, 이제 우리 부자들이 서민과 노동자들을 위해서 세금을 엄청나게 많이 부담하는 그런 법을 만들 때가 되었소." 그랬을까요? 결코 아닙니다. 그 사회의 노동조합이 중심이 돼서 열심히 요구할 때마다 조금씩 부자들이 양보하면서, 그러한 제도들이 만들어진 겁니다. 그러니까 부유층은 노동 운동을 당연히 미워할 수밖에 없는 거죠.

몰랐던 것을 많이 배웠다. 우리나라에서는 노동자들이 파업하는 것 자체를 불쾌히 생각한다고 들었다. 근데 그것이 노동자들의 권리라는 것을 처음 알았다. 다른 나라에서는 어떻게 생각하는지도. – 이리

우리 아빠 엄마도 결국 노동하는 사람이고 나도 크면 노동자가 되겠지요. 지금부터 계속 희망을 갖고 어떻게 살고, 바꾸고, 변화시킬 것인지 고민을 해야겠습니다. – 엑기스진

하종강 선생님의 강의를 들으면서 고정관념들이 많이 바뀌었다. 전에는 노동조합이나 노조 활동은 나쁜 것이라고 생각했고, 뉴스에서 나오는 노동자들의 모습은 항상 화가 나 있는 것처럼 보였다. 지금은 뉴스에 나오는 노동자들의 표정에서 애절함과 원통함이 가슴으로 느껴진다. – 구름빵

우리나라 역시 언젠가는 다른 나라들처럼 노동에 대한 성숙한 태도를 보일 수 있어야 한다. 우리에게 필요한 것은 다른 나라들이 노동운동으로 사회제도를 개선했듯이 우리 역시 개인의 힘으로는 한계가 있기에 노동자의 연대와 투쟁으로 사회제도를 바꿔야 한다는 사실이다. – 현범

6강

왜 우리는
노동 문제를
올바로 이해하기
어려울까?

하종강 | '노동과 꿈' 대표

지위가 높거나 공부를 많이 했다고 해서 자신이 노동자가 아니라고
생각하는 것은 후진국에서나 볼 수 있는 비정상적 현상이에요.
우리가 선진국이라고 부르는 나라일수록
지위가 높거나 공부를 많이 한 사람도 자신을 노동자라고 생각합니다.
교장 선생님도 판사도 변호사도 외교관도 경찰도 군인도
자신을 노동자라고 생각한다는 거죠.
우리 사회도 조금씩 그렇게 바뀌고 있습니다. 이건 어쩔 수 없는 변화예요.

하종강

선생님은 30여 년 동안 줄곧 노동 상담 분야에서 일해 왔습니다. 노동자·청년·시민·학생들과 소통하는 노동 교육에 힘쓰고 있으며, 인터넷 사이트 '하종강의 노동과 꿈(www.hadream.com)'을 운영하면서 사람들에게 끊임없이 노동 현장의 목소리를 전하고 있습니다.

왜 우리는 노동 문제를
올바로 이해하기 어려울까?

우리 사회는 왜 다른 나라들과 달리 노동 문제를 제대로 이해하기 어려울까요? 우선은 제도권 교육 곧, 학교에서 이런 것들을 전혀 가르치지 않았기 때문입니다. 예를 들면 이런 겁니다. 신라 역사를 생각하면 뭐가 떠오르나요? 선덕여왕, 김유신, 김춘추 이런 사람들이 우선 떠오르잖아요? 그런데 대학 병원 신입 간호사들 교육할 때 한 번 물어보니까 합창이라도 하듯 "비담이요." 하더라고요. (웃음)

교과서에서 가르치지 않는 노동의 역사

외국에서 한국 역사를 공부한 사람들도 그럴까요? 유럽이나 러시아 또는 일본에서 한국 역사를 공부한 사람들은 '신라' 하면 다음과 같은 내용이 떠오른답니다.

신라는 당시 첨단 산업인 청동 주조 분야에서 우수한 기술을 갖고 있던 나라였어요. 그래서 만든 게 '에밀레종' 같은 겁니다. 카이스트의 박사가 분석을 해 봤는데 에밀레종 음향의 신비가 현대 과학으로는 설명이 안 되더래요. 그만큼 잘 만든 종이에요.

이걸 누가 만들었을까요? 우리는 대부분 모릅니다. 그런데 외국에서 한국 역사를 공부한 사람들은 알아요. 대박사 박종일이란 기술자였습니다. 에밀레종 한 귀퉁이에 박종일이라는 이름 석 자가 새겨져 있습니다. 그 시대의 박사는 국가가 인정한 뛰어난 장인을 지칭하는 말이었습니다. 최고의 경지에 다다른 기술자에게는 '대박사'라는 호칭을 부여했어요. 이렇게 기술자를 존중하는 제도가 있었기 때문에 우수한 기술을 갖는 것이 가능했다는 거죠. 다른 나라에서는 역사를 이렇게 가르칩니다. 지배 세력 중심의 역사 곧, '임금의 역사'만 가르치는 게 아니라 노동의 역사를 굉장히 중요한 비중으로 가르친다는 거죠. 사회 구성원의 대다수가 노동자인 사회이니 그렇게 가르치는 게 당연히 옳다는 거죠.

자, 이제 백제 역사를 봅시다. 누가 떠오릅니까? 계백 장군, 의자왕이 떠오르잖아요? 외국에서 공부한 사람들은 '백제' 그러면 이런 게 생각난대요.

백제는 우수한 고대 건축 기술을 가진 나라였어요. 혹시 6세기 후반 일본에 건너가 고대 건축 기술의 기반을 닦아 일본 고대 건축의 아버지로 존경받는 백제의 기술자가 누군지 아는 학생 있나요?

이거 알면 기적이지요. 우린 몰라요. 그런데 외국에서 공부한 사람들은 압니다. 석마제미, 양귀문 이런 사람들인데 요즘 시대의 김연아나 박태환보다 더 훌륭한 사람들이라는 거죠. 세계에서 역사가 가장 오래된 회사가 일본에 있는 1,500년 된 전통 가옥 보수 기업인데, 이 회사 설립자가 바로 백제 사람이었어요.

우리가 하는 교육에 대해 의문을 제기할 필요가 있어요. 여러분은 학교에서 배우지 못하는 것을 여기에서 배우고 있는 거잖아요? 그런데 다른 나라는 이런 내용을 학교에서 가르칩니다.

동창이 밝았느냐 노고지리 우지진다
소 치는 아이는 상기 아니 일었느냐
재 너머 사래 긴 밭을 언제 갈려 하나니

우리가 어렸을 적부터 열심히 외었던 시조예요. 조선 후기 영의정을 지낸 남구만의 시조입니다. 우리나라 사람들이 가장 많이 외우는 시조 중 하나예요. 근데 참고서에서 이 시조에 대해 뭐라고 설명하느냐 하면, "전원의 목가적 풍경과 느긋하고 평화로운 토착민의 농경 생활, 민초들의 검소하고 평화로운 농촌 풍경과 인생의 허무함을 잘 표현하고 있다." 이렇게 설명합니다. 시험에 나오면 그렇게 써야 정답이에요. 그런데 이 시조가 묘사하는 상황이 어떤 상황인지 한번 봅시다.

양반이 아랫목에서 느지막이 잠이 깼어요. 해가 벌써 동쪽에 높게 떠 있고 종달새가 막 울고 있습니다. '아이고, 내가 늦잠 잤구먼! 그런데 나이 어린 머슴 놈까지 늦잠 자는 게 아닐까. 그놈이 오늘 언덕 넘어 넓은 밭을 다 갈아야 하는데, 재 너머 그 사래 긴 밭을 언제 갈려 하나니……' 정확하게 이런 상황이에요.

그럼 똑같은 상황을 이번에는 머슴 입장에서 한번 생각해 봅시다. 머슴은 새벽부터 밤중까지 피곤하게 일했겠죠. 황토 바닥에 거적때기 한 장 깔린 머슴방에 들어와서 그냥 픽 쓰러져 잡니다. 새벽 먼동이 틀 때마다 이 머슴의 간절한 소원이 뭐였겠어요? 늦잠 한 번 자 보는 게 평생의 소원 아니겠습니까? 그런 상황에서 머슴도 '아, 농촌의 아름다운 풍경이구나.' 그렇게 느꼈을까요? 아니잖아요. 제가 생각할 때, 올바른 교육이란 열 번에 한 번이라도 "이 상황을 이제 머슴의 입장에서 한번 볼까요?" 이렇게, 시조를 다양하게 볼 수 있도록 가르쳐야 한다는 거죠.

하루 종일 비가 온 날, 논밭이 물에 잠겨서 슬퍼하는 농부를 만난 적이 있어요. "아까 막 넘치고 있었으니까, 지금쯤은 다 물에 잠겼을 거요"라고 말하더니 "에이, 농사일은 이래서 슬퍼." 하면서 울먹이는 거예요. 그런데 라디오 음악 프로그램에서는 "이렇게 비가 내리는 날은 커피를 한 잔 들고, 비 내리는 창가에 가서 서 보세요.

생활에 여유를 느껴 보세요. 사랑은 비를 타고 온다고 했던가요.”
이런 얘기만 계속 나오는 거예요.

문제를 다양한 시각으로 볼 수 있도록 가르쳐야지요. 다른 나라
들에서는 이런 시조에 대해 가르칠 때 머슴의 입장에서도 본다는
거죠. 우리나라도 조금씩 변하고 있어요. 여러분이 이렇게 모였다
는 것도 한 증거입니다.

영국, 독일, 프랑스 등 선진국에서는 노동 문제를 어떻게 교육하
고 있을까요? 이 나라들에서는 초등학교에서부터 노동 문제를 철
저히 가르칩니다. 여러분이 여기에 와서야 들을 수 있는 내용을, 학
교에서 선생님들이 가르친다는 거죠. 독일 중학교 사회과 교과서는
4분의 1 정도 분량을 노동 문제로 채웠어요. 왜 그럴까요? 학생들
은 나중에 극소수를 제외하고는 90% 이상이 노동자가 되거나, 최
소한 노동자 가족이 돼요. 그러니 당연히 노동 문제를 가르쳐야 한
다는 거죠.

이런 내용을 다 배우면서 노동자가 되는 사회와 그렇지 못한 사
회, 이런 내용을 다 배우면서 경영자가 되는 사회와 그렇지 못한 사
회, 이런 내용을 다 배우면서 교사가 되는 사회와 그렇지 못한 사회
에서 노동 문제를 이해하는 수준은 같을 수가 없어요.

제가 가르치던 대학생들의 기말 시험 답안지를 채점하다가, 뒷장
에 이런 글이 쓰여 있는 걸 봤어요.

"부모님이 모두 노동자인 집안에서 자랐으면서도 지금까지 노동 문제에 전혀 관심이 없었던 자신에게 스스로 놀랐다."

부모님이 모두 노동자인 집안에서 자랐으면서도 20여 년 동안 노동 문제에 대해 전혀 관심을 가지지 않았다는 거죠. 어떻게 이러한 사회를 정상이라고 할 수 있을까요? 한국의 대학생들은 대학에 와서 한 학기 동안 노동 문제와 관련된 교양 과목 수업을 듣고 나서야 그런 생각을 하는 거예요. 다른 나라들에서는 초등학생 정도면 다 배워서 아는 내용인데요.

제가 학생들에게 한 학기에 과제를 두 개 정도 주는데 그중 하나가 주변에 있는 노동자를 인터뷰해서 그 내용을 정리하는 거예요. 어렵게 생각하지 말고 가족 중에서 먼저 찾아봐라 했더니, 한 학생이 "어머니께서 18년 동안 비정규직 노동자였다는 것을 이 과제를 하면서 처음 알게 됐습니다"라고 해요.

한 여학생이 쓴 글을 소개할게요.

"실은 이 수업은 전 남자 친구가 들었던 수업이었다. 꼭 야간에 들고 와서는 '이 수업이 정말 제대로 된 교양 수업이다' 라는 말을 했는데 난 이해할 수 없었다. '나와 상관없는 주제고 답답한 말만 하겠지?' 세상에 무지한 나였기에 든 생각이었다. 그 남자 친구와 헤어진 후 이 수업이 궁금해 수강 신청을 했다. 수업을 들을수록 아무 생각 없이 놀기 좋아하던 이기적인 내가, 이 수업을 들었던 남자 친구의 눈에 얼마나 답답해 보였을까 하는 생각이 들었다. 그러자 그동안 쌓였던 감정이 해소됐고 앞으로 살아갈 날들에 대해 희망찬 마음이 들었다. 덕분에 이번 학기는 남자 친구가 없어서 외롭다기보다는 얻은 게 더 많은 학기가 된 것 같다."

이걸 보면서 굉장히 흐뭇했어요. 대학생들은 이걸 보면 다 웃는데 중학생들은 이걸 보고 웃을 정서는 아직 안 되나 봅니다. (웃음) 다른 대학생이 쓴 거 하나 더 소개할까요?

"우리 아버지도, 강의 시간에 배운 것처럼 직접 고용 비정규직 노동자이다. 고등학교도 졸업하지 못하고 바로 취업을 하신 뒤로 지금도 언제 해고당할지 모른 채 생계를 꾸려가고 있다. 7년 전 시골에서 인천으로 올라와 일자리를 잡지 못하고, 한두 달 일하다 그만두고 보름을 집에 계시다 다시 일을 찾고……. 이런 상황을 몇 번 반복하는 사이에 경제적 어려움은 우리 가정에 직격탄으로 꽂혔다. IMF 때에는 단칸방에 다락방 하나 딸린 집에서 다섯 식구가 버텼다. 이 정도는 버틸 수 있겠지 하고 생각했지만 어려워지기만 할 뿐 상황은 좀처럼 나아지지 않았다. 노동자 대회에 모인 사람들도 모두 그렇게 한 가정을 책임진 아버지, 어머니, 또는 미래에 그 짐을 지게 될 사람들일 거라는 생각이 들었다."

제가 이야기하고 싶은 건, 스물두 살이 될 때까지 한국의 대학생들이 자기 부모의 노동에 대해 한 번도 생각해 보지 못한 것이 결코 정상적인 상황이 아니라는 겁니다. 우리 사회에서 노동자로서 살아가는 것에 대해 생각할 기회를, 초·중·고등학교 교육 과정에서 거의 주지 않았다는 겁니다.

'L'로 시작하는 세상에서 가장 멋진 단어

〈닫힌 교문을 열며〉라는 영화가 있습니다. 영화배우 정진영 씨가 선생님 역할을 맡았는데요, 수업 시간에 선생님이 칠판에 'L' 자를 쓰고 나서 "L로 시작하는, 세상에서 가장 멋진 단어는 무엇일까?"라고 물어요. 학생들이 답합니다. "LOVE요", "LIBERTY요." 선생님이 말씀하십니다. "아, '사랑'과 '자유', 물론 중요한 단어지. 그렇지만 내가 가장 좋아하는 단어는 아직 나오지 않았다." 학생들이 계속 답합니다. "LADY요", "LIPS요."

선생님이 칠판에 단어를 쓰시면서 말씀하십니다. "LABOR - 노동이다." 한 학생이 반발합니다. "에이, 노가다가 뭐가 아름답습니까?" 선생님께서 말씀하십니다. "그렇다. 노동은 고통스럽다. 그러나 새로운 것을 창조하는 노동이 없다면 사랑과 자유도 존재하지 못할 것이다. 노동은 세상에서 가장 아름답고 멋진 단어다." 매우 감동적인 수업 장면이었어요.

철도 노조가 파업하면 언론은 승객의 불편을 강조하면서 "불법 파업에 대해서는 법과 원칙에 따라 엄정 대처해야 한다." "화물 운송이 중단되는 바람에 경제적 손실이 몇백 억이 발생했다." 이런 내용을 주로 보도하잖아요? 한 학생이 "아버지가 해외 주재원이라 네덜란드에서 고등학교를 졸업했다"면서 다음과 같은 얘기를 했어요.

"지난번에 철도 노조가 파업할 때 뉴스를 보다가 깜짝 놀랐어요. 왜 보도하는 기자나 인터뷰하는 시민들이 전부 파업의 나쁜 면만 이야기하는지, 파업이 사회에 미치는 유익한 영향이 분명히 있고 노동조합이 파업할 수밖에 없는 이유도 분명히 있는데 그런 것에 대해서 설명하는 기자가 어떻게 한 명도 없는지 깜짝 놀랐어요."

제가 네덜란드는 어떤지 물어봤어요. 네덜란드 언론은 절반 정도가 파업하는 노동자 입장을 설명하는 내용이었다는 거죠. 우리는 노동 운동을 일방적으로 비난하는 언론 속에서 오랫동안 살아왔기 때문에 노동 문제를 올바로 이해하기가 더욱 어려워진 거예요. 학교에서는 가르치지 않고, 언론은 제대로 보도하지 않고…….

사회적 약자를 위한 조직, 노동조합

학생들에게 '학생회'라는 조직이 있는 것처럼 노동자들에게는 '노동조합'이라는 조직이 있어요. 방송사에서 일하는 아나운서, PD, 기자도 모두 언론 노동조합의 조합원입니다. 여러분 중에 앞으로 방송국 아나운서, PD, 기자, 엔지니어가 되고 싶은 사람들은 나중에 대부분 언론 노동조합에 가입하게 될 거예요. 우리가 잘 아는 손석희 씨도 MBC 파업에 앞장섰다가 구속돼서 감옥에 갔다 왔어요. 인터넷에서 '해맑은 손석희'라고 검색하면 구속돼 죄수복을 입은 사진을 볼 수 있습니다.

탤런트들도 노동조합 활동을 합니다. 예술가들도 노동조합 활동을 해요. 세계적으로 유명한 교향악단의 백발이 성성한 바이올린 연주자 중에도 노동조합원들이 많아요. 애니메이션 노동조합도 있어요. 만화 영화 만드는 일을 하는 사람들이 만든 노동조합이지요.

백화점에서 일하는 사람들도 노동조합을 통해 자신의 노동 조건을 개선합니다. 패스트푸드점에서 일하는 서비스 노동자들도 노동조합 활동을 합니다. 피자헛 노동조합 같은 경우에는 영업이 끝나는 밤 12시부터 새벽 2시까지, 두 달 동안 전국 매장을 돌며 강의한 적도 있어요. 외국산 명품 화장품 판매하는 노동자들도 노동조합 활동을 해요. 노동조합 활동이란 TV 뉴스에 나오는 것처럼 우락부락하고 거칠고 살벌한 게 아니라 보통 사람도 다 하는 활동이라는 거죠.

석사·박사 학위를 받은 노동자들이 설립한 노동조합이 우리나라에 벌써 수십 개나 있어요. 다른 나라에서 공부하는 학생들은 '우리가 이제 박사 학위 받고 연구소에 취업하면 노동조합이 나를 기다리고 있을 거야. 내 연봉이나 연구 성과에 대한 평가 방식이 모두 노동조합과 회사가 하는 회의에서 결정될 거야.' 이런 사실을 알고 공부하는데 우리나라 학생들은 그런 걸 거의 모르고 있어요.

유럽 나라들에서는 주유소 사장도 노동자로 인정해서 주유소 사장 노동조합이 있어요. 합법적으로 인정해 줬습니다. 왜 그랬을까요? 그 사람들이 주유소에서는 사장이지만 거대한 석유 재벌 기업과 맞설 때에는 사회적 약자라고 보는 거지요. "거대한 석유 재벌과 맞설 때에는 당신들이 약자니까 단결해서 권리를 보호하시오." 그렇게 인정해 준 겁니다.

우리나라에 화물연대라는 노동조합이 있는데 한국 정부는 자꾸 화물연대는 노동조합이 아니라고 그러거든요. 화물연대 조합원 중에는 화물차 운전하는 기사도 있지만 자기 화물차를 운전하는 사람도 있어요. 그런데 이 사람들도 한 달에 절반 정도를 고속도로 휴게소에서 자면서 열심히 일해도 집에 갖고 들어가는 돈이 100만 원이채 안 될 때가 많아요. 차 할부금도 내고, 기름 값도 내야 하고, 수리비용도 들고……. 그래서 화물연대라는 노동조합을 만든 건데, 우리나라 정부는 "화물차를 가진 '사장'이 무슨 노동자냐?" 그런 시각으로 노동조합을 인정하지 않고 있어요. 매우 후진적인 해석이죠.

경찰 노조가 있는 나라들도 많습니다. 캐나다 경찰 노조는 단체교섭을 3개월 동안 하면서 거리 집회를 한 적이 있는데요, 항의의표시로 경찰 모자 대신 야구팀 모자를 쓰고 나왔어요. 토론토 경찰청이라 토론토 야구팀 모자를 쓰고 나왔죠. 만일 우리나라 부산 경찰청 같으면 롯데 모자를 쓰고 나왔겠죠.

소방관 노조가 있는 나라들도 많습니다. 군인 노조가 있는 나라들도 있어요. 스웨덴, 덴마크, 독일, 벨기에, 네덜란드 같은 선진국은물론 남아프리카 공화국, 슬로베니아 같은 개발도상국에도 군인 노조가 활동하고 있습니다. 독일에서는 군인 노조가 파병에 반대했어요. 독일 청년들의 귀한 생명을 미국 총알받이로 내보낼 수는 없다는 거죠. 결국 의회에서 파병 동의안이 거부됐어요. 네덜란드 군인노조는 비리 혐의가 있는 사령관의 사퇴를 요구하기도 했습니다.

프랑스엔 변호사 노조와 판사 노조도 있습니다. 변호사와 판사들도 자신을 노동자로 인정한다는 뜻입니다. 프랑스에서는 판사 노조가 설립된 뒤 판결이 상당히 공정해졌다고 해요. 노동조합 활동에 따른 이익을 국민이 같이 누리는 거죠.

지위가 높거나 공부를 많이 했다고 해서 자신이 노동자가 아니라고 생각하는 것은 후진국에서나 볼 수 있는 비정상적 현상이에요. 우리가 선진국이라고 부르는 나라일수록 지위가 높거나 공부를 많이 한 사람도 자신을 노동자라고 생각합니다. 교장 선생님도 판사도 변호사도 외교관도 경찰도 군인도 자신을 노동자라고 생각한다는 거죠. 우리 사회도 조금씩 그렇게 바뀌고 있습니다. 이건 어쩔 수 없는 변화예요.

인류 역사에 노동조합이란 것이 생긴 지 한 300년쯤 됐는데, '아, 나도 노동자구나!' 이렇게 깨닫고 새로운 노동조합을 설립하는 현상이 계속되고 있는 겁니다. 앞으로도 계속되겠지요. 그러니까 미래 사회에도 노동 운동은 어떤 형태로든 존재할 수밖에 없습니다.

우리나라도 새롭게 노동조합에 참여하는 일이 계속 발생하고 있잖아요. '국민의 공복' - 공무원, '신성한 교직' - 교사, '백의의 천사' - 간호사 등 공공 부문 직장인들이 노동조합 활동을 하는 것은 지극히 당연한 일입니다. 그것을 이상하게 보는 것이 오히려 시대착오적인 잘못된 생각이지요. 그런데 우리 사회에서는 아직도 '공무원이 무슨 노동자야. 우리 세금으로 월급 받는 사람들인데 노동조합 활동을 하면 곤란하지.' 이렇게 생각하는 사람들이, 여러분 부모님 중에도 많거든요. 노동 문제에 대한 이해가 굉장히 취약해서 나타나는 현상입니다.

'바캉스vacance'란 말 알죠? 이것 역시 노동 운동의 성과입니다. 프랑스에 노동 운동 세력이 참여한 정부가 수립됐을 때, 그러니까 우리나라로 말하자면 민주노총, 전교조, 공무원 노조, 민주노동당, 진보신당 등이 연합해서 내세운 후보가 대통령에 당선된 거나 마찬가지지요. 그 프랑스 정부가 역사상 최초로 전 국민 유급 휴가 제도를 법으로 만든 겁니다. 프랑스의 모든 국민은 빈부귀천에 따른 차이가 없이 유급 휴가를 받을 권리가 있고 그것은 국민의 가장 기본적 권리라는 거지요. 그래서 휴가철에 도시가 텅 비게 된 것이고 그때부터 휴가를 '텅 비었다'는 뜻의 '바캉스'라고 부르게 된 거예요. 인류 역사에 노동 운동이 없었다면 이 말은 아직 없었을지도 모릅니다.

그런데 사회가 이렇게 변화하는 것이 손해가 되는 사람들이 있습니다. 누구일까요? 바로 권력과 재산이 많은 사람들입니다. 그 사람들은 현재 상태가 너무 좋기 때문에 이 사회가 힘없고 약한 사람들에게 더 많은 권리를 주는 사회로 진보하는 것을 원하지 않습니다. 따라서 노동 운동과 진보 세력을 탄압할 수밖에 없는데, 한국 사회는 이러한 현상이 세계에서 가장 심각한 사회 중 하나입니다. 제가 과장하는 게 아니에요. 비정규직 노동자가 다른 나라들보다 훨씬 많아진 것도 그러한 현상 중 하나입니다.

노동자의 절반이 비정규직인 나라, 대한민국

노동자들이 한 달에 한 번 자기가 원할 때 사용할 수 있도록 법에 보장된 휴가가 바로 '월차 휴가'입니다. 회사가 아무리 바빠도 노동자가 "몇 월 며칠 날 월차 휴가를 쓰겠습니다." 하면 회사는 이를 보장해야 해요. "그날은 바쁘니까 쉬지 마." 그러면 그 회사는 법을 어기는 거예요. 그런데 비정규직 노동자는 월차를 마음대로 사용하지 못해요.

비정규직은 짧으면 한 달 아니면 1년, 그런 식으로 계약이 되어 있는 사람들이에요. 정규직과 비정규직의 가장 큰 차이가 뭐냐면, 정규직은 특별한 일이 없는 한 정년퇴직 때까지 일할 수 있는 노동자이고 비정규직은 일정 기간마다 다시 재계약을 해야 하는 노동자들인 거예요.

비정규직이 열 명 있는데 어떤 비정규직은 휴가 한 번도 안 쓰고 계속 일만 했어요. 그런데 어떤 비정규직은 법에 보장된 휴가를 꼬박꼬박 요구해서 찾아 썼어요. 그럼 1년 지나고 나서 재계약 할 때 사장이 어떻게 할 것 같아요? 그동안 휴가를 꼬박꼬박 다 찾아 먹은 노동자들이랑 재계약 할까요, 안 할까요? 안 하지요. “넌 그렇게 네 권리만 다 찾는 노동자야. 필요 없어!” 그렇게 휴가를 포기하고 일하는 비정규직하고만 재계약을 하기 때문에 월차 휴가 신청을 못 해요. 법적으로만 보장돼 있을 뿐이지요.

비정규직 노동자들은 정규직에 비해서 임금도 낮습니다. 같은 일을 하면서도 정규직의 절반 정도밖에 받지 못하는 경우가 많고요. 휴가나 상여금, 명절 선물 등에서도 부당한 차별을 받습니다. 정규직들에게는 몇백만 원의 연말 성과 상여금을 주면서 비정규직에게는 만 원짜리 상품권 한 장씩밖에 안 줘서 비정규직 노동자들이 반납한 적도 있고요. 정규직 노동자들이 해외여행 등 휴가 계획을 세울 때 비정규직은 몰래 눈물짓는 일도 있습니다.

비정규직이 부당한 대우를 받는 사례는 무척 많아요. 시청에서 청소 일 하던 아주머니들이 해고됐어요. 그런데 그 아주머니들이 시장을 만나게 해 달라고 찾아갔다가 집단 구타를 당했어요. 그래서 그분들이 옷을 벗고 싸웠어요. 시청에서 한 달에 팔십 몇만 원 받으면서도 그 힘든 일을 계속할 수만 있었다면 그 싸움을 안 했겠지요. 그런데 그것마저 못하게 되니까 시장한테 얘기 좀 해 보자고 찾아갔는데 안 만나 주고 구타하고 쫓아내려고 하니까 옷을 벗은 거예요. 옷을 벗으면 사람들이 손을 못 댈 거로 생각한 거죠.

서울의 한 환경 미화원 노동자를 찾아가 보니까 쓰레기 더미에 푹 파묻혀 하루 종일 일만 하고 있었어요. 쓰레기 압축 처리 작업도 하고 음식물 쓰레기 분리수거도 하고……. 하루 종일 먼지구덩이에서 일하고 샤워도 못 해요. 수도꼭지 두 개에서 나오는 물을 세숫대야에 받아 씻어야 했어요. 너무 비인간적이잖아요. 비가 오면 그냥 비를 맞으면서 도시락을 먹어야만 해요.

병원이 식당 경영을 외주 업체에 넘기는 바람에 병원 식당에서 조리사로 일하던 분들이 해고가 된 적이 있었어요. 그래서 이분들은 일할 때 입던 복장으로 현관에 모여서 100일 넘게 투쟁을 했어요, "이 옷 입고 다시 일하게 해 주십시오"라고 요구하면서. 병원이 운영비 조금 줄이겠다고 몇십 명 아줌마들의 생존권을 박탈해 버린 거니까요. 그중에는 가장도 많았거든요. 집안에서 돈 버는 사람이 없고 아이들도 가르쳐야 하는데 병원이 그러는 건 부당 해고예요.

이 아줌마들이 법으로 소송해 권리를 찾으려면 한 5년쯤 걸렸을 거예요. 그 시간을 버틸 사람은 거의 없어요. 그래서 회사에서는 해고해 놓고 "법대로 해!" 이렇게 얘기하는 거예요. 아줌마들은 법대로 하지 않고 병원 현관에서 100일 동안 싸워서 결국 복직이 됐습니다.

대학교에서 일하는 한 환경 미화원은 다음과 같은 글을 썼어요.

"그 당시 우리는 점심으로 싸 온 찬밥을, 여자 화장실 맨 구석의 좁은 칸에서 둘이 무릎을 세우고 먹었습니다. 학생들이 바로 옆 칸에 와서 '푸드득' 용변을 보면 우리는 숨을 죽이고 김치 쪽을 소리 안 나게 씹었습니다."

환경 미화원 휴게실이 없으니까 그렇게 할 수밖에 없었다는 거지요. 환경 미화원의 휴게 시설을 처음부터 준비한 대학은 거의 없어요. 다 노동조합이 생기고 요구하고 싸워가면서 조금씩 만들어진 거지요. 그래서 지금도 노동조합이 없는 대학교에 가 보면 노동자들이 후미진 계단 밑 공간에 라면 박스를 깔아 놓고 그걸 휴게 시설로 쓰는 경우가 많아요. 이런 비정규직들이 우리나라에는 너무 많습니다. 우리처럼 전체 노동자의 절반 이상이 비정규직인 나라는 별로 없어요. 굉장히 심각합니다.

비정규직인 부모님들은 집에 가서 식구들한테 이런 얘기 거의 안 해요. 그래서 그 고통을 잘 몰라요. 노동자 인터뷰 과제를 내 주면 학생들이 처음에는 난감해하지만 "어렵게 생각하지 말고 가족 중에서 우선 찾아보세요. 대부분 가족 중에 노동자가 있으니까"라고 하면 '아, 그렇구나!' 하는 표정들이 됩니다. 지난 학기 한 여학생 과제물은 이렇게 시작했어요. "어머니께서 18년 동안 비정규직 노동자로 일하셨다는 것을 이 과제를 하면서 처음으로 알게 되었습니다."

비정규직이 많아지면 비정규직 노동자뿐 아니라 사회 전체가 불행해져요. 정규직까지 같이 불행해져요. 그래서 정규직과 비정규직이 같이 힘을 합쳐서 이 문제를 해결해야 합니다.

제 딸이 대학 신입생 때 저와 같이 회사 앞에서 농성하는 학습지 비정규직 교사 노동자들을 방문한 적이 있었어요. 추운 겨울인데 천막을 빼앗겨 길바닥에 스티로폼 깔고 앉아 장작불 피우고 농성을 하고 있더라고요. 지금 제 딸이 대학 4학년이 됐는데 이 노동자들은 아직도 그곳에서 농성을 하고 있어요. 천막을 뜯기면 다시 치기를 수십 번 하고, 폭행도 당하면서 농성을 계속하고 있어요. 이분들 만나고 집에 가다가 딸한테 전화했어요. "신입생 때 아빠 따라서 추운 겨울날 길바닥에서 장작불 피우고 농성하던 노동자들 만났던 거 기억하느냐? 그 사람들이 아직도 그곳에 있다." 그랬더니 딸아이가 "마음이 너무 아프다"고 해요. 아무리 생각해도 너무 비인간적인 일이잖아요.

기륭전자 노동자들은 1,895일이나 투쟁을 했고 94일이나 단식을 했어요. KTX 여성 노동자들도 3년이나 싸웠고, 이랜드 노동자들은 510일 동안 파업을 했고, 코스콤 비정규직들은 475일, 동희오토 노동자들도 5년이나 싸웠습니다. GM대우 비정규직 노동자들도 1,191일 만인 설 하루 전에야 투쟁을 끝냈어요.

양극화의 해결사, 노동 운동

경제가 성장을 해도 그 성과가 부자들에게만 돌아가면 서민과 노동자는 행복해지지 않아요. 한국 경제는 저성장이 아니라 양극화가 문제예요. 정부에서 정책을 실행하면 부유층과 서민층에 반대 효과가 나타나요. 금리를 인상하면 부유층은 은행에 저금한 돈이 많으니까 이자 소득이 늘지만 서민들은 빚진 게 많으니까 이자 부담이 늘어요. 이런 양극화 현상을 해결하는 게 바로 노동 운동인 거죠.

우리나라는 땅 부자 1%가 전체 사유지의 57%를 소유하고 있어요. 99%의 국민이 나머지 절반도 안 되는 땅을 쪼개 가지는 거지요. 너무 심하잖아요. 노동 운동이 활발해져야 이런 문제가 해결돼요.

1997년 IMF 외환 위기 사태 이후 TV에서는 한 여성 코미디언이 출연하는 공익 광고가 오랫동안 나왔어요. "무조건 줄인다고 경제가 사나요? 똑똑하게 줄여야죠. 내가 똑똑해야 경제를 살리죠. 이제부터 100원을 1,000원처럼 씁시다." 이런 내용의 광고였어요. 당시는 나라 경제가 망하게 됐다고 IMF국제 통화 기금로부터 돈을 빌리고, 금 모으기 운동을 하던 때였어요. 이 광고는 한마디로 "소비하세요." 이런 뜻이에요. "너무 절약하지 마세요. 허리 너무 졸라매면 끊어집니다. 그러니까 적당하게 절약하고 돈을 좀 쓰고 사세요. 아무리 형편이 어려워도 철이 바뀌면 옷 한 벌씩 사 입고요. 자동차

샀으면 폐차할 때까지 타지 말고 자주 바꾸시고요. 가족끼리 가끔 외식도 하고 그러세요." 그런 뜻의 광고예요. 경제 위기가 터졌는데 왜 이렇게 소비를 광고했을까요? 바로 양극화 때문이에요.

경제가 성장은 했지만 양극화 속에서 했기 때문에 어려워졌을 때 헤쳐 나올 방법이 없어진 겁니다. 나라 경제가 어려워지고 수출이 막혀 버렸어요. 그럼 다시 수출이 늘어나고 경기가 회복될 때까지 우리나라 기업들이 생산한 물건을 누가 사야 할까요? 우리 국민이 사야겠죠. 그렇죠? 당분간 우리끼리 사고팔면서 견뎌야 해요. 이런 걸 경제학 교과서에서는 '건전한 내수' 라고 표현해요.

한국 경제는 소수의 부자와 다수의 가난한 서민 속에 성장해서 그러기가 어렵습니다. 대다수 보통 국민은 구매력 곧 '물건 살 능력' 이 없고, 그래서 경제 위기가 터지면 기업과 국민이 같이 망하는 악순환의 고리 안에 갇혀 버린 겁니다. 오죽하면 경제 위기가 터졌는데 "소비하세요." 이런 광고를 할 수밖에 없었겠느냐는 거죠. 노동 운동을 열심히 해서 노동자들 소득이 늘어야 이런 문제가 해결된다는 얘기입니다.

오늘 제가 길게 설명하지는 못했지만 노동 운동은 나라 경제를 건강하게 발전시키는 데 도움이 돼요. 노동 운동을 탄압하면 노동자가 가난해져서 그 나라 경제가 올바로 성장이 안 됩니다.

한국 경제는 지금 그 규모가 세계 10위권 안팎이에요. 그런데 노동 운동에 대한 이해는 세계 최하위 수준에 머물러 있습니다. 그 이유가 뭘까요? 다른 나라 학교에서 다 가르치는 노동 문제를 우리나라는 가르치지 않아요. 다른 나라에서는 많이 배운 사람이나 직책이 높은 직장인도 다 자기가 노동자라고 생각하는데 왜 우리는 그런 현상이 없을까요?

제가 지난 주말에 한 대학교에서 강의를 했는데 어떤 학생이 이런 이야기를 했어요.

"저는 이번에 대학에 들어온 1학년인데요, 호주에 이민 갔다가 다시 귀국했어요. 한국에는 친아빠가 있고요 호주에는 새 아빠가 있어요. 새 아빠는 박사 학위를 따려고 19년 동안이나 공부한 분인데 우리 엄마를 만나 사랑에 빠져서 공부를 포기하신 분이세요. 그래서 노동자로 취업을 했어요. 새 아빠는 노동조합 활동도 열심히 하고 노동자로서의 자부심도 굉장히 강해요. 그리고요 와인을 모으는 취미도 있어요. 그런데 한국의 친아빠는 나보고 '너, 공부 열심히 안 하면 나중에 노동자 된다'고 해서 몇 개월 동안 가치관에 혼란을 겪으면서 상당히 괴로웠어요."

왜 다른 나라에서는 노동자로서의 삶도 중요하게 생각하는데 우리 사회는 그렇지 않을까요?

FM 영화 음악이 알린 안타까운 죽음

MBC의 정은임 아나운서 아세요? 상당히 인기가 있었어요. 〈정은임의 영화 음악〉이라는 프로그램이 얼마나 인기가 좋았는지 그 프로그램을 폐지했더니 애청자들이 '정은임의 영화 음악'을 줄여서 '정영음'이란 동호회를 만들어 8년 넘게 활동했습니다. 프로그램이 없는데 동호회 카페는 활동을 한 겁니다. MBC가 결국 8년 6개월 만에 이 프로그램을 다시 부활시켰어요. 정은임 아나운서가 8년 만에 똑같은 방송을 다시 시작했는데 그 둘째 날 이런 말로 시작했어요.

새벽 세 시,
고공 크레인 위에서 바라본 세상은
어떤 모습이었을까요?
100여 일을 고공 크레인 위에서 홀로 싸우다가
스스로 목숨을 끊은 사람의 이야기를 접했습니다.
그리고 생각했습니다.
올가을에는 외롭다는 말을 아껴야겠다고요.
진짜 고독한 사람들은
쉽게 외롭다고 말하지 못합니다.

조용히 외로운 싸움을 계속하는 사람들은

쉽게 그 외로움을 투정하지 않습니다.

지금도 어딘가에 계시겠죠?

마치 고공 크레인 위에 혼자 있는 것 같은 느낌,

이 세상에 겨우겨우 매달려 있는 것 같은 기분으로

지난 하루 버틴 분들, 제 목소리 들리세요?

저, FM 영화 음악의 정은임입니다.

당시 부산의 한진중공업 노동조합의 김주익 분회장이라는 분이 고공 크레인 위에서 129일 동안 농성을 하다가 자살한 사건이 있었어요. 그런데 정은님 아나운서가 방송에서 그 이야기를 하는 거예요. 어떻게 방송에서 그런 얘기를 할 수 있을까? 사람들이 듣다가 깜짝 놀랐어요.

김주익 씨가 129일 동안 크레인 위에서 농성을 하다가 기어이 죽겠다고 결심을 하고 크레인 꼭대기의 작은 조종실에서 혼자 쭈그리고 앉아 유서 쓸 때의 심정이 어땠을까요? 그 유서에 나오는 내용이 있습니다. "아이들에게 힐리스인지 뭔지를 집에 가면 사 주겠다고 약속했는데 그 약속조차도 지키지 못해서 정말 미안하다."

아이들에게 힐리스 운동화(바퀴 달린 신발) 사 준다는 약속을 지키

지 못한 게 죽을 때까지 마음에 걸린 거예요. 그 며칠 뒤 정은임 아
나운서는 또 이런 말로 방송을 시작했습니다.

19만 3,000원.
한 정치인에게는 한 끼 식사조차
해결할 수 없는 터무니없이 적은 돈입니다.
하지만 막걸리 한 사발에 김치 한 보시기로
고단한 하루를 마무리한 사람에게는
며칠을 버티게 하는 힘이 되는 큰돈입니다.

그리고 한 아버지에게는
세상을 떠나는 마지막 길에서조차
마음에서 내려놓지 못한 짐이었습니다.

안녕하세요.
FM 영화 음악 정은임입니다.
"아이들에게 힐리스를 사 주기로 했는데,
그 약속을 지키지 못해 정말 미안하다."
일하는 아버지 고 김주익 씨는
세상을 떠나는 순간에도

이 19만 3,000원이 마음에 걸렸습니다.

19만 3,000원.

인라인스케이트 세 켤레 값입니다.

35미터 상공에서 100여 일도

혼자 꿋꿋하게 버텼지만,

세 아이들에게 남긴 마지막 편지에는

아픈 마음을 숨기지 못하는 아버지.

그 아버지를 대신해서, 남겨진 아이들에게

인라인 스케이트를 사 준 사람이 있습니다.

부자도, 정치인도 아니고요.

그저 평범한 한 일하는 어머니였습니다.

유서 속에 그 힐리스 대목에 목이 멘 이분은요

동료 노동자들과 함께 주머니를 털었습니다.

그리고 힐리스보다 덜 위험한 인라인 스케이트를

사서 아버지를 잃은, 이 위험한 세상에 남겨진

아이들에게 건넸습니다.

2003년 늦가을,

대한민국의 '노동 귀족' 들이 사는 모습입니다.

그런데 이렇게 훌륭한 방송을 했던 정은임 아나운서가 얼마 뒤에 교통사고로 사망했어요. 너무 마음이 아팠습니다. 정은임 아나운서는 어떻게 그런 사회의식을 가질 수 있었을까요? 어떻게 그런 방송을 하는 아나운서가 될 수 있었을까요?

노동조합 간부 활동 경험과 무관하지 않습니다. 정은임 아나운서는 죽을 때까지도 MBC 노동조합 여성 부장이었거든요. 자기가 겪어 봤으니까 아는 거예요. 노동조합 간부를 하면서 노동 문제에 대한 이해와 관심이 생긴 거지요. 그런 실천적 경험이 사람의 생각을 바꿉니다. 카메라맨도 노동조합 간부를 하고 나면 조금 달라집니다. 일기 예보 배경 화면으로 똑같은 길거리 풍경을 찍으면서도 노동조합 간부를 했던 카메라맨은 길거리 한 귀퉁이에 환경 미화원 모습을 조그맣게라도 같이 찍으려고 노력한다든가 하는 이런 차이가 생깁니다.

이런 현상이 개인에게서만 나타날까요? 사회 전체에 집단적으로 발생합니다. 한 나라가 경험한 역사는 그 사회의 의식과 가치관에 큰 영향을 미칩니다.

개인에게는 경험이, 나라에는 역사가 영향을 미치는데 이를 "역사 발전 과정이 사회 정체성을 규정한다"라고 표현합니다.

잘못된 역사에서 비롯된
노동 문제에 대한 그릇된 인식

왜 경제 규모가 세계 10위권인 한국이 노동 문제에 대한 이해는 세계 최하의 수준일까요? 이상하지 않아요? 이건 역사 발전 과정을 설명해야만 이해가 되는데, 이게 오늘 제 강의의 본론이에요. 그러니까 지금까지 얘기한 건 전부 서론이라는 거지요. 제 강의는 지금부터가 진짜 시작이에요.

우리나라는 자본주의 사회로 발전하는 근대화 과정이 다른 나라와 달랐어요. 우리가 조선 사회의 잘못된 점들을 스스로 깨닫고 스스로 법과 제도를 고쳐 가면서 대한민국으로 바꿨나요? 아니잖아요. 조선 시대와 대한민국 사이에 '식민지'라는 비정상적 방식으로 어느 날 갑자기, 우리 계획과 무관하게 자본주의 체제에 그냥 편입되어 버린 겁니다. 자본주의 사회에 필요한 의식이 형성되는 과정이 역사 속에 없었던 거죠.

현대 산업 사회를 자본주의 사회라고 하잖아요. 서민들이 "만인은 평등하다. 양반, 상놈 구별 없는 평등한 세상을 만들자!"고 기득권 세력과 치열하게 싸우면서 조선 왕조를 민주 공화국으로 바꾼 것이 아니라, 식민지를 통해서 나라 체제가 바뀌었어요.

〈추노〉라는 드라마 아시죠? 감독 인터뷰를 보니까 "드라마를 상징하는 진정한 주인공은 업복이라고 생각한다"라고 해요. 업복이는 포수였는데 선대의 빚 때문에 노비가 된 사람이에요. 그는 뛰어난 총 실력으로 양반들을 암살하는, 이를테면 '테러리스트'예요. "양반, 상놈 구별이 없는 세상을 만들자"라는 신념으로 악명 높은 양반들을 암살하는 역할입니다. 업복이와 친한 여자 노비 초복이가 물어요. "나중에 왕까지 죽일 건가요?" 이때 업복이가 하는 말이 "뭐 살살 죽이다 보면 나중에 왕 하나만 남지 않겠어?"였어요. 그런데 우리나라는 이런 소동을 겪으면서 백성들 손으로 직접 조선 왕조를 대통령제로, 민주 공화제로 바꾼 게 아니었습니다.

조선 왕조가 어떻게 무너졌나요? 일본 놈들이 궁궐에 침입해서 왕비를 칼로 무참히 살해하면서 조선 왕조가 무너졌죠. 한 나라의 국모를 침략 세력이 처참하게 죽여 버린 천인공노할 만행의 역사적 의미는 그거예요. 백성들 손으로 직접 세상을 바꾸는 귀중한 역사적 경험이 박탈돼 버린 겁니다.

이렇게 식민지라는 방식을 통해서 다음 단계로 넘어간 나라가 우리 하나뿐인가요? 꽤 있어요. 그런 나라들에서는 식민지 시대의 온갖 모순들이 해방과 동시에 극복됩니다. 식민지 사회에서는 도덕적으로 타락한 사람이 출세하는 현상이 나타나요. 동족을 배신한 사람들이 사회 지도층이 되고, 많이 배신할수록 많이 성공하지요. 어느 식민지나 공통적으로 그런 현상이 벌어집니다. 이게 언제 다 정상화됩니까? 해방되면서 나라가 바로잡히는 거예요.

그런데 식민지를 경험한 나라 중에서 이걸 못한 나라가 있어요. 성공회대 한홍구 교수 주장에 따르면 동족을 배신했던 식민지 부역자, 매국노, 반민족 행위자들이 해방 뒤에도 집권에 성공해 경제 개발과 근대화의 주역을 계속 담당한 나라는 월남과 한국뿐이라는 거예요. 이유가 뭘까요? 이 두 나라 역사에는 공통점이 있어요.

역사가 사회 성격에 영향을 미친다고 그랬잖아요. 잘 생각해 보세요. 해방되면서 분단됐다는 거예요. 해방이 돼서 나라를 바로잡으려 했는데 나라가 나눠지면서 전쟁이 터져 버린 거예요. 전쟁을 이유로 친일파 청산을 포기했을 뿐 아니라 도덕적으로 가장 타락한 식민지 협력 세력이 해방 뒤에도 권력의 핵심을 장악했고 지금도 보수 정치 세력으로 남게 된 거지요. 올바른 사회의식이 형성될 수 있는 두 번째 기회마저 박탈당한 거예요. 일제에 협력한 대가로 귀족 작위와 토지를 하사받은 매국 친일파 후손들이 사회 각계에서 엄청난 기득권을 갖고 수백억 재산가가 되기도 하는 등 지금까지 떵떵거리고 살고 있어요.

반면에 독립 운동가 후손들은 어떨까요? 독립 운동가 유족 가운데 직업이 없는 사람이 60%를 넘고 봉급생활자는 10%밖에 안 되고 중졸 이하 학력이 절반 이상이에요. 독립 운동가들은 자녀를 대학에 못 보냈어요. 재산을 다 독립 운동에 썼어요. 그런데 친일파

자식들은 해외 유학까지 다녀와서 우리 사회 정치, 경제, 언론, 교육, 문화, 행정, 법조계 등 모든 분야를 다 장악한 거예요.

홀로 지내는 독립 운동가 유족을 돌보는 스리랑카인 이주 노동자 오산다 씨 이야기가 언론에 보도된 적이 있었어요. 오산다 씨는 "스리랑카도 영국의 식민 지배를 받았기 때문인지 한국에 와서 독립 운동가 후손이 어렵게 사는 모습을 보니 안쓰러웠다"고 말했어요. 그는 스리랑카에서 민주화 운동을 하다가 2년간 옥고를 치르기도 했다고 해요. 한국 독립 운동가 유족 할아버지를 아무도 돌봐 주지 않고 정부도 신경 쓰지 않으니까 이주 노동자가 돌보고 있는 거예요. 한국 독립 운동가 유족을 '스리랑카 운동권'에 맡기고 있으니 얼마나 부끄러운 일인가요?

이승만 정부 말기에 검찰총장, 대법원장, 재무장관, 육참총장, 서울시장 등을 지낸 쟁쟁한 사람 중에는 일제로부터 훈장을 받은 알짜배기 친일파들이 많았습니다.

일제 강점기 당시 일본인 지휘관 밑에 조선인들로만 구성된 간도특설대가 있었어요. 항일 무장 세력 곧, 독립군을 소탕하는 것이 이들의 임무였지요. 일제가 '상승부대'라고 불렀을 정도로 혁혁한 공로를 세웠대요. 간도특설대에 대해서는 "일본 놈들조차 감히 하지 못한 나쁜 짓을 많이 했다"는 증언들이 많아요. 동족을 가장 많이 괴롭힌, 정말 나쁜 사람들이죠. 그런데 이 간도특설대 출신들이 나중에 해병대 사령관, 지리산 전투 사령관, 육참총장, 합참의장, 교통부 장관을 지내기도 하고, 학교를 수십 개나 설립한 사람도 있어요.

최남선, 이광수, 마해송 아시죠? 모두 그 분야에서는 크게 성공한 분들이죠. 이 세 사람이 일제 학병을 나가는 것을 보고 와서 좌담회를 하고 그것이 언론에 보도되기도 했는데, 다음과 같은 얘기를 했어요.

"참으로 내선일체가 실현된 것 같은 (…) 일종의 극적 광경이 있었습니다. 모두가 울고 있더군요. 황국皇國을 위해 전장에 나가 죽자는 생각이 모두의 얼굴에 드러났더군요. 좀 더 뜻을 크게 품어 일본 전체나 대동아 전체를 짊어지고 일어서려는 기개를 가졌으면 싶습니다." – 이광수

"(학병 참가는) 우리들의 잠자고 있는 혼을 깨운다는, 어떤 의미에서는 정신적 부흥을 위한 수행에 있어 하나의 '계기'입니다."
– 최남선

자신들이 가지고 있는 재능을 총동원해서 일제를 찬양한 거지요. 백제 고도古都 부여에 일제가 신궁을 건설했어요. 신사 참배하는 그

런 장소를 만든 거지요. 그런데 여러분들도 잘 아는 「고향의 봄」을 쓴 이원수 씨가 거기에 자원 봉사를 갔다 와서 일본 제국주의를 찬양하는 「고도 감회―부여신궁어조영 봉사 작업에 다녀와서」라는 글을 쓰기도 했어요.

우리나라의 대표적 서정 시인인 서정주 씨는 「마쓰이 히데오 오장 송가」라는 긴 시를 쓰기도 했습니다. 조선 청년들로 하여금 일본을 위해 목숨 바치는 가미카제 특공대가 되라고 선동하는 친일 시죠. 그럼 이 사람이 해방된 뒤에 반성하고 사과했을까요? 우리는 그런 과정이 없었던 거예요.

그래서 서정주 씨는 군사 독재 정권 시절 전두환 대통령에게 바치는 「전두환 대통령 각하 56회 탄신일에 드리는 송시」를 쓰기도 합니다. 이런 걸 한 번쯤 짚고 넘어갔어야지요. 학교에서 서정주 시인이 「국화 옆에서」라는 시를 썼다는 것만 가르칠 것이 아니라 일제와 독재자 전두환을 찬양하는 시도 썼다는 것을 가르쳐야 그게 올바른 교육이라고 생각해요. 잘못했던 사람들이 반성하고 사과하고 그에 따른 처벌도 하면서 사회를 바로잡았어야 했는데, 우리 사회는 이런 절차가 역사 속에 없었던 겁니다.

정부는 우리나라 위인들의 초상화를 법으로 정해서 '표준 영정'이란 걸 만들었어요. 군사 독재 정권 시절에 시작됐는데 이 표준 영정을 친일파 화가들이 많이 그렸어요. 일본이 전쟁하는 것을 찬양하는 그림을 그리는 데 앞장섰다든가 하는 경력이 있는 화가들이 군사 독재 정부와 가깝게 지내면서 온갖 특혜를 누렸는데 그 사람들이 그린 표준 영정이 많은 거죠. 역사적인 근거가 없이 순전히 상상만으로 그리는 경우도 있는데 그중에는 화가가 자기 얼굴 비슷하게 그린 것도 있습니다. 일부러 그랬을 수도 있지만, 사람이 본능적으로 자기와 비슷한 얼굴에 호감을 느껴 저절로 그렇게 되는 수도 있다고 해요. 예를 들어 세종대왕 표준 영정은 그것을 그린 친일파 화가의 젊었을 때 얼굴이랑 거의 똑같다고 해요. 이 표준 영정을 토대로 동상도 만드는 거예요.

지금 광화문 광장에 있는 세종대왕 동상은 그 친일파 화가가 그린 표준 영정을 토대로 그의 제자가 만든 동상이에요. 결국 세종대왕 동상 얼굴이 친일파 화가 얼굴인 거죠. 민족문제연구소에서 일하시는 분은 이 동상을 보고 이렇게 말했어요. "친일파 얼굴을 세종대왕이라 여기고 우러러보라는 우격다짐을 보면서 민주주의와 역사의 후퇴를 절감한다."

몇 해 전에 공개된 사실인데 박정희 전 대통령이 장교가 되고 싶어서 군관학교에 지원할 때, 죽음으로써 일본 천황에게 충성을 맹세한다는 내용의 혈서를 썼대요. 자기 피를 뽑아서 그런 맹세를 한 거죠. 그러니까 이런 사람이 친일파를 청산하자고 말할 수 있겠어요? 자기 자신부터 처벌해야 하는데······.

정치인, 재벌, 언론, 대학 총장 등의 가족들이 친일파 논란에 휩싸여 있습니다. 한국 사회 전체의 비극인 거죠. 사회 지배 세력의 정당성이 취약한 사회에서는 올바른 가치관이 형성되기 어렵습니다.

정당하지 못한 권력일수록 언론과 스포츠 등을 통해 사람들의 의식을 조율합니다. 스포츠에 열광하게 만들면서 사람들이 정치에 바른 관심을 갖지 못하게 하고, 자신들은 마음대로 잘못을 저지르는 거지요. 우리나라 프로 야구가 전 세계에서 몇 번째로 생겼는지 아세요? 세 번째로 생겼어요. 그 프로 야구를 누가 만들었습니까? 전두환 씨가 만들었죠. 그런 거 잘한다고 좋은 나라는 아닙니다. 올림픽에서 우리나라 선수들이 메달 따면 물론 기뻐요. 그런데 우리는 그걸 마냥 즐거워할 수만은 없는 그런 아픔이 있습니다.

김연아 선수가 지난 동계 올림픽에서 화려한 경기를 펼쳤던, 바로 그 시간에 무슨 일이 벌어졌는지 아세요? 양수리에 우리나라 최대 유기농 단지가 있는데 여기서 4대 강 사업을 벌이기 위해 정부가 측량한다는 걸 환경 단체와 농민들이 몇 달째 저지하고 있었어요. 김연아 선수가 경기하는 시간에 맞춰서 경찰 병력이 투입됐어요. 그리고 강제로 측량했습니다. 언론이 이 사건을 보도했을까요? 김연아 선수 금메달에 묻혀 관심 갖는 사람이 거의 없었어요. 사람들을 이렇게 바보로 만드는 거지요. 이런 걸 꿰뚫어보는 사람과 전혀 모르는 사람은 사회 인식에 차이가 있을 수밖에 없어요.

우리 사회는 지금 일제 강점기부터의 기득권을 연장하려는 과거의 세력과, 잘못을 고쳐 역사를 바로잡고 싶어하는 세력이 모든 분야에서 맞서고 있는 상황이에요. 진보 언론과 보수 언론, 진보 정당과 보수 정당, 노동과 자본의 갈등도 결국 바탕은 그거예요. 그런데 그 기득권 세력이 자신들의 이익이 줄어든다는 이유로 노동 운동을 탄압하기 때문에 한국 사회에서 그에 맞서는 노동 운동은, 노동자들이 특별히 원하지 않아도 역사를 바로 세우는 정의로운 투쟁이 돼 버릴 때가 많아요. 그만큼 노동 운동 하기가 다른 나라들보다 힘들다는 얘기이기도 하죠.

흔히 '근대사 100년'이라고 이야기하지만 그 100년이 식민지 40년 뒤에 이어진 분단 60년이에요. 그런데 그 와중에 군사 독재가 또 30년이나 있었어요. 이런 근현대사를 다른 나라에서는 찾아보기가 어려워요. 세계에서 보기 드물게 왜곡된 역사가 그만큼 심각하게 한국 사회에 영향을 미친 겁니다. 다른 나라에서는 그 예를 거의 볼 수 없는 극우 보수적 정치 성향, 노동 운동에 대한 혐오감, 비인간적 교육 정책 등은 모두 그 왜곡된 역사 속에서 만들어진 비정상적 현상들입니다.

타인의 고통에 관심을 갖자

사람들이 타인의 고통에 관심이 없어서 기부 문화조차 우리 사회에는 자리 잡지 못했어요. 이건 또 무슨 말이냐면요, 우리는 기부금을 너무 적게 내요. 고통받는 이웃들에 대한 관심이 너무 적어요. 물론 기부 문화는 진보적 개념은 아닙니다. 왜냐하면 자선 사업을 통해서는 사회 구조가 바뀌지 않기 때문이죠. 그런데 우리는 이 기부 문화조차 부족한 게 문제예요. 다른 나라에서는 부자가 아니어도, 자기보다 더 불행한 이웃을 위해 뭔가 실천하면서 살지 않고 오로지 자기 가족의 행복만 추구하고 살면 '저 사람은 인간의 기본이 안 돼 있다.' 이렇게 보는 정서가 있어요.

우리 사회에서는 남보다 좋은 직장에 취업했거나 빨리 승진한 사람들이 '인생에 승리했다'는 자부심을 가질지언정 '내가 지금 죄 없이 고통받는 이웃을 위해서 아무것도 하지 않는구나.' 이런 부끄러움이 별로 없어요. 좀 특이한 현상입니다.

우리나라 어떤 운동선수가 국제 대회에서 우승했을 때, 언론들이 난리가 났어요. 국민의 영웅으로 보도하고 대국민 홍보 영화에도 나왔어요. 그런데 그 대회가 열린 나라의 스포츠 전문지에서는 그 선수 소개란에, 기부금을 전혀 내지 않은 유일한 선수라고 표기했다는 거예요. 선수들이 지금까지 받은 상금 액수와 기부금 액수가 적혀 있는데 우리나라 선수만 기부금 항목이 '0'인 거예요. 외국에서 볼 때는 이해가 안 되는 거지요.

제가 아는 선배 의사 중에 한국에서 의과 대학 다닐 때 학생 운동 하다가 제적당하고 구속되는 바람에 의사가 못 된 사람이 있어요. 그래서 외국에서 마저 공부하고 의사가 되어서 왔습니다. 지금은 우리 사회에서 가장 존경받는 의사 중의 한 사람입니다. 그분이 하는 말이, 외국에서 공부할 때 작은 서민 아파트에서 살았는데 아파트 현관에 누가 뭘 써 붙였더래요. '오늘 6시부터 공원 입구에서 헌혈 받습니다.' 그래서 6시에 나가 보니까 그 동네 남녀노소 할 것 없이 할아버지, 할머니, 손자, 손녀들이 다 손에 손을 잡고 헌혈하려고 줄 서 있더라는 거예요. 간호사도 다 자원 봉사자였어요. 병원 근무 마치고 나와서 봉사하는 거지요. '야 이런 걸 연례행사로 하나 보다.' 생각했는데 웬걸, 시도 때도 없이 자주 열리고 그때마다 사람들이 그렇게 모인다는 거죠. 이런 게 생활화돼 있는 나라들이 많아요.

한 대학교수는 20년쯤 전, 독일에서 공부를 마치고 귀국 이삿짐 을 싸고 있는데 하숙집 주인 할아버지가 잠깐 내려오라고 부르더라 는 거예요. 이삿짐 싸다 말고 내려갔더니 할아버지, 할머니가 하시 는 말씀이 "지금 TV 뉴스를 보다 보니까 한국에서 교사 노조가 설 립되면서 1,000명 이상의 교사들이 해직당했다는 뉴스가 나오더군 요. 이거 몇 푼 안 되지만 귀국하거든 해직된 교사들에게 전해 주십시오.” 그러면서 몇십만 원을 주더라는 거예요. 그런데 이 사람들이 그 사회에서 운동권이 아니라 그냥 평범한 시민이라는 거지요. 한국의 노동 운동은 지금 이런 것들도 다 실천하면서 사회를 바꾸는, 굉장히 중요한 역할을 하고 있는 겁니다.

우리의 이기적 가치관도 결국 왜곡된 역사와 관련이 있어요. 왜 그럴까요? 잘 생각해 보세요. 일제 강점기를 가정해 봅시다. 대문 밖에만 나가면 동족을 팔아먹은 친일파가 지배하는 세상이에요. 동족을 배신할수록 출세하는 세상이에요. 그러니까 계속 문을 닫아거는 거죠. ‘우리 식구들끼리 잘살자.’ 이런 생각이 점점 많아지는 거죠. 그랬다가 해방된 뒤 동족을 배신하고 도덕적으로 타락했던 인간들이 처벌받는 모습들을 보면서 도덕성이 다시 회복되는 건데, 우리는 그 절차가 없었던 거예요. 그래서 이기적 가치관이 사회를 지배하게 된 겁니다.

인류 역사는 노동하는 사람들의 권리가 확대되는 과정

선생님들의 노동조합인 전교조가 처음에는 불법 노조였어요. 당시 김영삼 대통령은 분노했어요. 대통령이 대국민 담화를 발표하기도 했습니다. '신성한 교사가 어떻게 노동자냐.' 그런 내용인데, 다른 나라에서는 교장 선생님도 자기가 노동자라고 생각하고 노조에 가입한다고 그랬잖아요? 그런데 우리는 교사가 자신을 노동자로 인식한 것조차 용납이 안 된 거예요. '교사가 무슨 노동자야!' 그런 시각으로, 전교조에 가입했다는 이유로 1,600여 명의 선생님들이 해직당했어요. 그런데 중요한 사실은, 그렇게 많은 선생님을 해직하면서도 전교조가 생기는 걸 막지 못했잖아요. 그게 중요한 거예요. 전교조 조합원이 가장 많을 때 10만 명쯤이었어요. 우리나라 전체 교사가 줄잡아 40만 명이니까 여러분을 가르쳤던 초·중·고등학교 선생님들 4명 중 1명은 전교조 조합원이라는 뜻입니다. 사회가 이렇게 변화하는 현상을 막을 수가 없다는 거죠.

우리가 사는 자본주의 사회를 가만히 들여다보면 변화하는 패턴이 있어요. '패턴'이 무슨 뜻이에요? 비슷한 일이 반복된다는 거죠. 전교조가 만들어지고 나서 10여 년쯤 지난 다음에 공무원 노조가 똑같은 과정을 밟았어요. 그 과정에서 3,000여 명의 공무원이 징계를 받았어요. 그런데 중요한 사실이 뭐겠어요? 이렇게 하면서 공무원 노조가 이 땅에 설립되는 걸 막았나요? 막지 못했잖아요. 도청, 시청, 군청, 구청, 읍·면사무소 공무원 노조가 설립되는 걸 도저히 막을 수가 없었어요. 아마 3,000명이 아니라 3만 명을 징계해도 막지 못했을 거예요. 우리 사회가 조금씩 변해 가는 방향이 있어요. 역사의 강물이 흘러가는 방향이 있다는 거죠. 해직당한 교사와 징계당한 공무원이 없었다면 어땠을까요? 다른 나라들에는 대부분 있는 전교조와 공무원 노조가 아직 우리 사회에 없었겠죠.

국제 노동 기구라는 유엔 산하 기구가 있습니다. 영어 약자로 ILO International Labour Organization라고 해요. 여기에 가입한 나라가 몇 개국일까요? 177개 나라예요. 그중 교사 노조와 공무원 노조를 법으로 금지하는 나라가 몇 개일까요? 전문가들의 주장에 따르면, 단 두 나라밖에 없었다는 거예요. 그중의 하나가 대한민국이었던 거죠. 우리는 노동 운동을 이렇게 이해하기 어려운 나라에서 태어나 자랐다는 것을 항상 기억할 필요가 있어요.

해직당한 교사들이 특별하게 과격한 분들이 아닙니다. 당시 정부가 전교조에 가입한 선생님들 명단을 파악해서 학교로 보냈어요. 교장 선생님들이 확인했겠죠. "아무개 선생님, 전교조에 가입했다면서요. 명단이 왔거든요. 그런데 여기 노동조합 탈퇴서도 같이 왔으니까 탈퇴서에 이름 석 자만 적어 내세요. 그러면 해직당하지 않습니다." 많은 선생님이 형식적으로 탈퇴서만 제출하고 몰래 조합비를 내면서 비합법 전교조가 10년 동안 지켜진 거예요. 그런데 그때 이름 석 자를 쓰지 않고 해직을 선택한 선생님들이 1,600명이나 나온 거예요. 이건 정말 놀라운 일이었어요. 아무도 강요하지 않았거든요. 세상에 이런 바보 같은 사람들이 어디 있을까요? 요즘 교사되기가 얼마나 어려워요?

해직된 선생님들은 10년 세월 동안 정말 고생을 많이 했어요. 새벽에 일어나 아파트 단지에 세차하러 다니기도 하고, 우유 배달, 신문 배달 하며 살기도 했어요. 그렇게 많은 고통을 겪었지만 결국 전교조와 공무원 노조는 당당하게 합법화됐습니다. 많은 고통을 겪었지만 결국 우리 사회는 노동자들의 주장대로 변한 거나 마찬가지잖아요. 이렇게 인류 사회는 고통당하는 노동자들의 주장이 실현되는 방향으로 변화하는 현상이 있는 겁니다.

인류 역사를 공부해 보면 수천 년 동안 그런 일이 되풀이됐다는 것을 알 수 있어요. 고대 노예제 사회라고 하면 그리스 로마 시대를 말하는데, 영화에도 많이 나오잖아요. 당시 대표 계급은 노예와 귀족이었는데 둘 중에 누구 힘이 강했을까요? 귀족이 모든 군대를 가지고 있었지요. 그렇지만 그 막강한 힘으로도 노예 제도가 철폐되는 걸 막을 수는 없었어요. 그것이 바로 역사의 순리이기 때문이지요.

이런 현상을 E H 카_{Edward Hallett Carr, 1892~1982} 같은 역사학자들은 "인류 역사는 노동을 담당하는 사람들의 권리가 확대되는 과정이다"라고 표현했어요. 열심히 땀 흘려 일하는 사람들이 점점 더 행복해지는 그런 방향으로 인류 역사가 발전해 간다는 거지요.

여러분도 대부분 미래 사회에는 노동자가 될 테니까, 그때를 준비하면서 당당하게 행복하게 살아가시기 바랍니다. 고맙습니다.

다음은 강의 중에 나오지는 않았지만, 고 김주익 씨에 대한 자료를 찾던 중 인터넷 블로그에서 발견한 고 김주익 씨의 딸과 아들의 편지입니다.

크레인 위에 있는 아빠께.
그런데 내가 일자리 구해 줄 테니까 그 일 그만 하면 안 돼요? 그래야지 운동회, 학예회도 보잖아요! 다른 애들은 아빠 자랑도 하는데…….
내가 빨리 일자리 찾아줄게요. 화이팅! ♡
참! 어제 무서웠죠? 우리는 오빠가 아빠 노릇 잘해요. 사랑해요! – 딸의 편지

아빠한테 메시지 어떻게 보내요, 네? 알면 편지로 보내 주세요. 편지지 없으면 집에 와서 가르쳐 주세요. 그래도 안 되면 억지로 안 가르쳐 줘도 돼요. 아빠, 형아가 누나하고 나를 노예로 삼았어요. 아빠가 빨리 와서 형아를 많이 혼내 주세요. 아빠, 우리 어젯밤에 라면을 먹는데 갑자기 불이 꺼졌어요. 그래서 촛불을 켜고 그림자 놀이도 하고 핸드폰 벨 소리를 듣고 엄마랑 누나랑 형아랑 다 같이 잤어요. 그래서 무섭지도 않았어요.
아빠, 빨리 오세요. – 막내아들의 편지

2003년도 사건이니 95년생, 16살인 저랑 비슷한 또래가 됐을 아이들의 편지였는데, 저 아빠는 딸아이의 운동회나 학예회에도 참여하지 못했을 거고, 막내아들을 괴롭히는 형아도 혼내 주지 못했겠죠. 그들은 어떤 마음을 안고 살아가고 있을까요. 같은 시간, 같은 하늘 아래서. – 준람

'청소년 노동'
노동 인권 Q&A

이수정 | 공인 노무사

이수정

선생님은 노동법을 가르칩니다. 노동 인권의 감수성을 깨우는 교육을 통해 여성·청소년·성적 소수자·비정규 노동자 등, 가려지거나 들리지 않는 이들의 노동권이 회복되는 건강한 사회를 꿈꾸고 있습니다. 현재 청소년 노동 인권 네트워크, 인권 교육 센터 '들'에서 활동하고 있습니다.

'청소년 노동'
노동 인권 Q&A *

우리나라 청소년 중 많은 수가 '노동'을 경험했거나 '노동' 중이라고 하죠? 그런데 우리 사회가 청소년 노동자를 보는 시각은 여전히 왜곡되어 있습니다. 청소년의 노동은 '단순 용돈 벌이에 불과하다'거나 '학교에 있어야 할 청소년이 알바를 하고 있다'는 곱지 않은 시선으로 보는 것이지요. 청소년 노동에 대한 폄하와 편견 어린 시각이 청소년 노동자를 노동 인권의 사각지대에 방치하고 있다 해도 과언이 아닙니다.

이렇게 노동 인권의 사각지대에 방치되어 있는 청소년 노동자의 노동권 회복을 위해서는 무엇보다도 우리 사회 구성원의 노동 인권 감수성을 키우는 것이 중요한 것 같습니다. 그런데 청소년이 '노동'하면서 겪는 어려움은 감수성만으로 해결되지 않는 것들이 많

---

* 이 글은 강연과 별도로, 청소년 노동 인권의 올바른 이해를 위해 이수정 선생님이 써 주신 것입니다.

이 있습니다. 지금부터 묻고 답할 이야기들은 청소년 노동자들이 일하면서 겪게 될 노동권 침해에 대한 대응과 권리의 회복을 위해 알아 두어야 할 것들입니다.

우리나라에는 일하는 노동자들의 노동 조건을 보호하고 권리를 보장하기 위해 만들어진 여러 가지 노동 관계법이 있습니다. 그중에서 노동자의 노동 조건-임금, 노동 시간, 휴게 시간, 휴일, 휴가 등-에 대해 규정하고 있는 가장 구체적인 법은 '근로기준법'(근기법)입니다. 노동 인권 회복을 위해 바꾸어야 할 법·제도들이 많이 있지만 '노동' 하면서 챙겨야 할 노동권들이 어디에 어떻게 숨어 있는지 아는 것은 중요하지요. 자, 그럼 지금부터 찾아볼까요?

'알바' 시작하기 전에 노동 조건을 분명하게 : 근로계약서

Q 근로계약서 꼭 미리 써야 하나요?

A 근로계약서는 '노동'을 시작하기 전 반드시 작성해야 합니다. 노동 조건을 분명하게 알리는 것은 사업주의 의무 사항입니다.

일을 시작할 때 조건을 명확하게 해 두지 않으면 부당한 피해를 당해도 속수무책인 경우가 많습니다. 물론, 구인 광고 내용이나 메모, 같이 일했던 노동자의 확인 등도 도움이 되지만 일하는 조건을

근로계약서

너사장(이하 '사장'이라 함)과 나노동(이하 '노동자'라 함)은 다음과 같이 근로계약을 체결하여 한 부씩 나누어 갖기로 한다.

1. **계약 기간** : 2018년 ○월 ○○일부터 2018년 ○월 ○○일까지
2. **근무 장소** : ○○시 ○○구 ○○동 엔지24
3. **업무 내용** : 매장 물품 판매 및 정리
4. **노동 시간**

   (1) 시작 시간 : 오전 11시

   (2) 끝나는 시간 : 오후 7시

   (3) 쉬는 시간(휴게) : 오후 4시부터 5시까지

5. **임금**

   (1) 시간급 : 10,000원

   (2) 수당 : 식대 매일 10,000원

   (3) 시간 외 임금(연장, 야간, 휴일 노동 등) : 시간급 임금의 50% 가산

   (4) 지급일 : 매달 25일

   (5) 지급 방법 : 을이 요구하는 은행 계좌로 입금

6. **유급 휴일** : 매주 목요일
7. **휴가** : 근로기준법이 규정하는 연·월차 휴가, 생리 휴가 등을 부여함
8. **기타**(제20조 위약 예정의 금지, 제7조 강제 근로 금지)

본 계약서에 정함이 없는 사항은 취업 규칙과 근로 기준법 등 노동 관계 법령을 따른다.

2018년 ○월 ○○일

(사장) 사업체명 : 엔지24 대표자 너사장 (서명 또는 날인)

소재지 : ○○시 ○○구 ○○동 ○○번지   전화 : ○○○-○○○

(노동자) 성명 : 나노동 (서명 또는 날인)

주소 : ○○시 ○○구 ○○동 ○○번지   전화 : ○○○-○○○

미리 확인하고 문서로 남겨 두는 것이 가장 좋은 방법입니다.

만약 사업주가 근로계약서를 써야 한다는 사실을 모르거나 꺼린다면 정중하게 법 내용을 알려 주고 계약서 작성을 요구하거나 보호자의 동의를 위해 필요하다고, 혹은 학교에 제출해야 한다고 얘기해 보세요. 거절할지도 모른다고 지레짐작하여 포기하지 마시고 노동 인권 확보를 위해 근로계약서 작성부터 시작해 보세요. 근기법에 "사업주는 18세 미만인 청소년 노동자에 대해 근로 계약서를 반드시 서면으로 교부"(위반할 경우 500만 원 이하 벌금)하게 되어 있거든요.

Q 근로계약을 맺을 때, 주의해야 할 내용을 알려 주세요.

A "지각 세 번이면 하루 일당 없다!", "한 달 못 채우고 그만두면 월급 없어!"

혹시 일을 시작할 때 이런 이야기를 들은 적 있나요? 근기법에서는 노동자가 약속을 위반하는 경우 위약금이나 손해 배상액을 얼마 지급하겠다는 내용을 미리 정할 수 없도록 하고 있습니다. 그리고 손해가 발생했다는 이유로 임금을 삭감할 수도 없습니다. 그 손해가 어느 정도인지는 나중에 따져 봐야 하는 것이지, 미리 일방적으로 정해 두거나 임금과 맞바꿀 수는 없기 때문입니다.

근기법은 노동자의 노동 조건에 대해 최저의 기준을 정한 것입니다. 따라서 근기법을 위반하는 내용을 근로계약서에 정했다면 그 부분은 무효가 되고 근기법에 정한대로 따라야 합니다. 근로계약은 노동자와 사용자 사이에 맺는 것이므로 다른 사람이 대신 계약을 맺을 수는 없습니다. 보호자라는 이유로 청소년 당사자의 의사와 상관없이 어디에서 어떤 조건으로 일할지 일방적으로 정하는 것은 강제 노동에 해당하는 것이므로 해서는 안 될 일입니다.

임금을 제때 안 주면 곤란해요! : 최저임금과 가산 수당

Q 임금 지급 원칙이 있다던데요?

A 사업주는 노동자에게 임금을 지급할 때 매월 1회 이상 일정한 날짜에 노동자 본인에게 직접 쓸 수 있는 현금으로 전액을 한꺼번에 지급해야 합니다.

임금을 주는 날짜가 들쑥날쑥하거나 장기간 지급되지 않으면 노동자의 생활이 곤란해지고 생존을 위협받을 수 있습니다. 그러므로 사업주는 매달 지급하기로 정한 날에 임금을 지급해야 합니다. 그리고 임금을 받을 때는 통장으로 받는 것이, 혹시라도 있을 분쟁 해결을 위해서 좋습니다. "보호자를 데리고 오라"거나 "이번 달은 장사가 안돼 현금이 부족하니까 월급 중 5만 원은 피자 쿠폰으로 대신 주겠다"고 하는 것은 법을 위반한 것입니다.

특히, 청소년 노동자가 일하다 실수를 해서 사업주에게 손해를 입혔거나 근로 계약을 위반했다고 해서 임금에서 손해액을 제하고 주는 것은 안 됩니다. 청소년 노동자가 고의로 중대한 실수를 한 것이 아니라면 그 책임을 물을 수 없으며, 만일 사업주가 큰 손해를 입었다면 따로 민사소송이나 기타 방법을 통해 손해액을 계산해서 노동자에게 달라고 요구해야 합니다.

Q 임금에도 최저 기준(최저임금)이 있다던데요?

A 기본적인 생활을 영위할 수 있을 만큼의 임금을 보장하는 것은 세계 인권 선언에서도 규정하고 있는 노동자의 중요한 노동 인권이요 생존권입니다.

우리나라에는 '최저임금법'이 있습니다. 이 법은 노동자 임금의 최저 수준을 보장해야 하고, 사업주는 노동자에게 그 기준 이상을 지급(최저임금에 미달하여 지급할 경우 3년 이하의 징역이나 1,000만 원 이하의 벌금)하도록 정하고 있습니다.

최저임금은 해마다 노동자의 생계비, 임금 수준 등을 고려하여 새롭게 정하기 때문에 매년 다릅니다. 현재 최저임금(2018년 1월 1일부터 2018년 12월 31일까지)은 시간당 7,530원입니다. 사업주는 최저임금액을 사업장에 게시해야 할 의무가 있습니다(게시 의무를 위반할 경우 과태료 100만 원).

　청소년 노동자의 경우 가끔 수습 기간이나 교육을 이유로 일방적으로 임금이 삭감되는 경우가 있는데, 일을 시작하기 전에 미리 수습 기간(1년 이상 일하기로 하고 수습 기간을 미리 서면으로 정했다면 3개월까지 10% 삭감 가능)을 정하지 않았다면 일방적으로 삭감할 수 없습니다. 또 편의점 판매와 같이 단순 업무인 경우 수습 기간을 정하더라도 절대 삭감할 수 없습니다.

Q 야간이나 휴일 등에 일하면 얼마나 더 받나요?

A 일하는 시간이 길어질수록 노동자들은 더 많은 피로를 느끼게 되고 건강이 나빠지거나 사고를 당할 위험성도 높아집니다. 그러므로 마지못해 혹은 자신이 원해서 연장, 야간, 휴일 노동을 할 경우에는 보통 받는 임금보다 더 많은 보상을 주어야 조금은 공평해지겠지요. 현행법에서는 5인 이상 일하는 곳에서 시간 외 노동―연장(만 18세 미만의 경우 하루 7시간 또는 주 35시간 이상), 야간(밤 10시부터 다음 날 오전 6시 사이), 휴일(주휴일 등)―을 한 경우 시간급의 50%를 추가로 지급해야 한다고 규정하고 있습니다. 예를 들어 시간당 10,000원을 받기로 하였는데, 1시간을 더 일했다면 5,000원을 추가로 받을 수 있습니다. 만약 연장, 야간 노동이 서로 겹치는 경우라면 50%씩을 각각 따로 계산해서 받을 수 있습니다. 연장 노동과 야

간 노동이 겹친다면 100%를 더 받게 되는 거지요.

Q '청소년 노동자'도 퇴직금을 받을 수 있나요?

A 퇴직금은 일을 그만둔 뒤 다른 생계 수단을 찾을 때까지 생활을 유지할 수 있는 힘이 됩니다. 1년 이상 계속 근무하고 퇴직하는 노동자는 평균 임금 30일분 이상의 퇴직금을 받을 수 있습니다. 5인 이상이 일하는 곳에서 주 15시간 이상 1년 넘게 일을 했다면 '청소년 노동자'도 당연히 퇴직금을 받을 수 있습니다.

일하는 시간과 쉬는 시간은 지켜 줘야죠! : 노동 시간과 휴게, 휴일

Q 하루에 일하는 시간과 쉬는 시간이 어느 정도죠?

A 현행법상 청소년 노동자는 하루 7시간, 한 주 35시간이 기준 노동 시간입니다. 이 기준 시간보다 더 일을 하는 것을 '연장 노동'이라고 하는데 청소년 노동자가 동의한다면 연장 노동이 가능하지만 무한정 시킬 수는 없습니다. 18세 미만의 청소년 노동자는 하루 1시간, 주 5시간까지만 연장이 가능합니다.

그리고 18세 미만 청소년 노동자는 야간·휴일 노동을 거부할 수 있습니다. 단, 18세 미만 청소년 노동자의 명시적인 동의가 있고,

고용노동부 장관의 인가를 얻은 경우에는 야간·휴일 노동을 시킬 수 있습니다.

휴게 시간(쉬는 시간)은 일하는 도중에 사업자의 지휘·감독을 벗어나 '자유롭게' 이용할 수 있는 시간을 말합니다. 당연히 사용자의 눈치를 보아 가며 대기해야 하는 시간은 휴게 시간이라고 볼 수 없겠지요. 일하는 시간이 4시간이면 30분 이상, 8시간이면 1시간 이상의 휴게 시간을 일하는 '도중에' 주어야 합니다. 휴게 시간을 주지 않거나 너무 짧게 나누어 주면 노동자의 건강을 크게 해치게 되므로 허용되지 않습니다. 그런데 요즘 임금을 깎기 위해 지나치게 많은 휴게 시간을 주는 '꺾기'라는 나쁜 관행이 퍼지고 있어 법·제도의 보완이 필요합니다.

Q 유급 휴일과 유급 휴가가 있다던데요?

A '유급 휴일'이란 일을 하지 않고 쉬어도 임금을 받을 수 있는 날입니다. 1주일 동안 일하기로 한 날을 빠지지 않았다면 1주일에 하루 이상은 꼭 유급의 휴일을 주어야 합니다. '주휴일'이라고 하지요. 주휴일이 반드시 일요일일 필요는 없습니다. 하루 7시간, 주 35시간을 꼬박 일하지 않았다 하더라도 일한 시간에 비례해서 유급 휴일을 보장받을 수 있습니다. 노동 관계법상 유급 휴일에는 주휴일과 5월 1일 노동절, 공휴일(300인 이상 사업장 2020년 1월 1일부터, 30

인 이상 사업장 2021년 1월 1일부터, 5인 이상 사업장 2022년 1월 1일부터 적용)이 있습니다. 나머지는 사업주가 유급으로 보장하기로 정한 경우에만 적용됩니다. 이를 약정 휴일이라고 합니다.

'주휴일' 외에도 1달 개근(1년 미만), 1년 동안 80% 이상 출근했을 때는 연차 휴가를 쓸 수 있습니다. 여성은 매달 하루씩 생리 휴가(단체협약이나 취업규칙에 유급으로 정하지 않았다면 무급)를 쓸 수 있습니다.

건강하게 일할 권리 : 노동 재해와 직장 내 성희롱

Q 일하다가 다쳤습니다. 보상을 받을 수 있을까요?

A 청소년 노동자는 일을 하면서 크고 작은 사고와 질병에 노출되게 됩니다. 실제로 기름이 튀어 화상을 입거나 날카로운 곳에 찔리기도 하고, 오토바이 배달을 하다가 교통사고를 당하는 일이 늘어나고 있습니다. 오래 서 있거나 무거운 물건을 취급하는 일이 많은 경우 목, 허리, 다리 등에 통증을 느끼는 근골격계 질환에도 시달린다고 합니다.

일을 하다가 크고 작은 사고를 당하거나 질병을 얻었다면, 고의가 아닌 이상 실수가 있었더라도 전적으로 사업주가 책임을 져야 합니다. 그런데 사업주에게만 모든 책임을 지라고 한다면 그 부담이 만만치 않아 십중팔구 보상 책임을 회피하게 될 것입니다. 특히 청소년이 주로 일하는 10인 미만의 영세 사업장을 운영하는 사업주는 실제 보상을 제대로 해 줄 경제적 능력이 없는 경우도 많이 있습니다. 그래서 마련된 것이 바로 '산업재해보상보험법'입니다.

사업주가 노동 재해(산재)를 인정하지 않아도, 산재 신청을 할 수 있습니다. 사업주들이 "네 잘못으로 다친 거니까 산재로 처리해 줄 수 없다"고 버티거나 알아서 해결하라는 경우가 있습니다. 그러나 노동 재해인지 아닌지를 판단하는 권한은 사업주한테 있는 것이 아니라 근로복지공단에 있습니다. 그러므로 사업주가 인정하지 않더라도 4일 이상 치료가 필요한 경우라면 다친 노동자가 직접 근로복지공단에 산재 신청을 하면 됩니다. 사업주가 의무적으로 가입해야 하는 산재 보험에 가입하지 않았거나 '알바'를 그만둔 후에도 신청할 수 있습니다.

Q 직장 내 성희롱 피해를 당했을 때는 어떻게 해야 할까요?
A 직장 내 성희롱이란 "사업주, 상급자 또는 노동자가 직장 내의 지위를 이용하거나 업무와 관련하여 다른 노동자에게 성적인 언동 등으로 성적 굴욕감 또는 혐오감을 느끼게 하거나 성적 언동 또는 그 밖의 요구 등에 따르지 않았다는 이유로 고용에서 불이익을 주는 것"을 말합니다.

법에 의해 처벌을 받을 수 있는 성희롱 행위자는 사업주, 직장 내의 상급자, 동료, 하급자입니다. 즉, 직장 내에 있는 모든 노동자가 해당한다고 볼 수 있습니다. 그리고 거래처 관계에 있는 사람이나 고객도 성희롱의 행위자가 될 수 있습니다. 직장 내 성희롱은 권력 관계에서 발생하는 폭력이며 남자가 여자에게 하는 행위뿐 아니라 여자가 남자에게, 여자가 여자에게, 남자가 남자에게 하는 행위도 있습니다.

직장 내 성희롱은 사후 권리 회복 절차보다는 발생하기 전에 예방하는 것이 무엇보다 중요합니다. 그래서 법에서도 1년에 1번 이상 의무적으로 예방 교육을 하도록 규정하고 있습니다. 성희롱의 피해자가 되었다면 노동위원회나 국가인권위원회를 통해 해결을 모색해 볼 수 있습니다.

사업주가 의무를 소홀히 해서 부당한 대우를 받았을 땐 이렇게! : 폭언 · 폭력, 임금 체불과 부당 해고 등

Q 임금 체불과 해고 등 부당한 대우를 받았을 땐 어떻게 대처하죠?

A 청소년 노동자들은 나이가 어리다는 이유로 사업주나 동료, 고객에 의한 언어 폭력에 노출되는 경우가 많습니다. 심지어 실수나

지각을 이유로 신체적인 폭력을 당하는 경우도 있습니다. 일하는 곳에서 기본적인 노동권이 지켜지지 않는다면 사업주에게 지킬 것을 요구해야 합니다. 물론 혼자서 권리 주장을 하기란 쉬운 일이 아닙니다. 같은 처지에 있는 청소년 노동자들과 뜻을 모으거나 노동 인권 상담을 받을 수 있는 곳에 상의하고 함께 해결 방법을 찾아보는 것이 좋습니다.

청소년노동인권네트워크(http://cafe.daum.net/nodongzzang), 국가인권위원회(http://www.humanrights.go.kr, 국번 없이 1331), 고용노동부(http:// www.moel.go.kr, 국번 없이 1350)에 상담해 보세요.

상식적으로 해결되지 않으면 고용노동부(노동지청)에 알려 시정을 요구합니다. 고용노동부에는 근로감독관이 일하고 있습니다. 근로감독관이란 근기법 등 노동 관계법을 어긴 사건을 다루는 경찰관이라고 보면 됩니다. 자기가 일한 사업장이 있는 노동지청을 직접 찾아가거나 고용노동부 홈페이지에서 온라인으로 진정을 할 수 있습니다.

부당 해고를 당했을 경우에는 함께 일하는 노동자가 5인 이상인 사업장이라면 '노동위원회' 에 구제를 요청할 수 있습니다. 노동자가 사소한 잘못을 했거나 자기 마음에 들지 않는다고 해서 곧장 해고를 할 수는 없는 것이지요. 법원에 해고 무효 소송을 제기할 수도 있지만 절차가 복잡하고 시간과 비용이 많이 드는 단점이 있습니다. 그러므로 노동위원회를 이용하는 것이 좀 더 신속하고 간편합니다.